DIE HANSE
UND
IHRE STÄDTE

von Hartmut Schwerdtfeger

HARTMUT SCHWERDTFEGER, geb. 1950, ist Autor diverser Sachbücher. Viele Reisen im Nord- und Ostseeraum galten insbesondere den Hansestädten.

Abbildung Umschlag:
Bürgerhaus in Stralsund, Mühlenstraße 3 (2004).
Abbildung Rückumschlag:
Neuer Markt mit Marienkirche in Rostock (2004).
Hansekogge auf der Weser vor Bremen (2004).

Hartmut Schwerdtfeger
DIE HANSE UND IHRE STÄDTE
mit Fotografien von Ingo Möllers

ISBN 3-932292-53-7

Recherche: Kerstin Spancke.
Bildnachweis: Ingo Möllers 18, 31, 39, 81-96, 104, 106; Saebens 69, 73; Hielscher 59, 61, 67, 112; Deutsches Schiffahrtsmuseum Bremerhaven 30.
Nicht alle Bildrechte konnten ermittelt werden.

Bibliographische Information der Deutschen Bibliothek:
Die Deutsche Bibliothek verzeichnet diese Publikation in der Deutschen National-bibliographie; detaillierte bibliographische Daten sind im Internet über http://dnb.ddb.de abrufbar.

Aschenbeck & Holstein Verlag
Delmenhorst und Berlin 2004
Jahnstraße 37
27753 Delmenhorst
Fax 04221 808222
www.aschenbeck.net

Inhalt

Die Hanse – ein Europa des Mittelalters? 4
Urkunden und Dokumente 6
Die Stadt im Spätmittelalter 13
Handelswege und Handelsgüter 19
Die Kogge 27
Kaufleute, Häuser und Hansestädte ohne Häfen 36
Seeräuber – Schrecken der Hanse 40
Die Hansekogge 48
Der Niedergang der Hanse 52

STÄDTE

Lübeck – Königin der Hanse 57
Hamburg – das Tor zur Welt 63
Bremen – hat den Schlüssel zur Welt .68
Wismar 75
Rostock 79
Stralsund 100
Greifswald 105
Stettin 107
Danzig 110
Riga 113
Reval 116
Wisby, Gotland 118
Brügge 120

Die Hanse – eine frühe EU? 123
Hansestädte, Kontore, Niederlassungen 128

Die Hanse
ein Europa des Mittelalters?

Der große wirtschaftliche und auch kulturelle Erfolg der Hanse – nach den anfänglichen Zusammenschlüssen einzelner Kaufleute schließlich ein loser, von kaufmännischen Interessen und dem Einfluss Lübecks geprägter mittelalterlicher Städtebund – ist in den alten Hansestädten an Nord- und Ostsee noch heute sichtbar. Im Westen wie im Osten, von Bremen bis ins Baltikum, haben die Jahrhunderte zwar tiefe Spuren hinterlassen, dennoch sind in fast allen Städten architektonische Zeugen der Hansezeit erhalten geblieben.

Die Hanse brachte nicht nur den wohlhabenden Kaufleuten (»Pfeffersäcke«) Vorteile, auch wenn diese für die Entwicklung maßgeblich waren. Im Sog der aufstrebenden wirtschaftlichen Entwicklung profitierten die gesamte Stadt und deren Umland, wenn auch mit beträchtlichen sozialen Unterschieden. Das zeigte sich nicht allein in der Architektur, sondern erfasste das gesamte Leben. Schulen, Universitäten und soziale Einrichtungen entstanden. Das Handwerk spezialisierte sich, organisierte sich in Gilden und blühte auf. Die Zeit der Hanse hat das Bewusstsein der hanseatischen Bürger zumindest in den Küstenstädten bis in die heutige Zeit hinein geprägt. Im Zuge der Ostöffnung und der Erweiterung der Europäischen Union blüht das Bewusstsein um die hanseatische Tradition auch in den Städten Ost- und Mitteleuropas wieder auf – und dies sogar bis nach Russland hinein.

Dieses Buch wirft einen Blick auf die Entwicklung und Bedeutung der Hanse, beleuchtet Vergangenheit und Gegenwart ausgewählter Städte des Hansebundes an den Küsten. Bremen und Hamburg als freie Stadtstaaten sowie Lübeck, Rostock, Stralsund und Wismar, die ebenfalls noch stolz das »H« für Hansestadt im Nummernschild der Fahrzeuge führen, sind ebenso berücksichtigt wie die alten Hansestädte des Ostens und die großen Kontore. In manchen Städten sind Handel und Schifffahrt nach wie vor eine wesentliche wirtschaftliche Basis.

Ansicht der Hansestadt Reval (Tallinn), Hauptstadt von Estland, aus dem Jahr 1844 (Gemälde von Ivan Aivazovsky). Seit 2004 gehört Estland zur Europäischen Union. Der alte Hansegedanke, die Handelspartnerschaft zwischen Städten, erscheint heute wieder besonders aktuell.

Im Gegensatz zur verbreiteten Meinung war der Hansebund keine regional begrenzte Erscheinung im Nord- und Ostseeraum – auch wenn hier eindeutig der Schwerpunkt lag. Die Hanse unterhielt mit zahlreichen Städten an den Küsten und im Binnenland, mit Kontoren und Niederlassungen ein nahezu europäisches Handelsnetzwerk, dem schließlich die politischen Wirren des Dreißigjährigen Krieges und dessen Folgen das endgültige Aus beschieden. Besonders wach ist die hanseatische Tradition aber noch entlang der Küsten. Beginnend mit Bremen im Westen, über Hamburg und Lübeck, Wismar, Rostock und Stralsund bis nach Danzig, Königsberg, Riga und Reval – um nur die wichtigsten zu nennen – zogen sich die Hansestädte wie an einer Perlenkette aufgereiht. Hanseatische Spuren finden sich jedoch in den Historien von über 200 Städten.

War der Leitgedanke der Hanse ein früher ideologischer Vorläufer der Europäischen Union? Ist der Gedanke übertragbar auf den Begriff »Europa der Regionen«, insbesondere vor dem Hintergrund der EU-Osterweiterung? Immerhin gibt es Parallelen. Rund 350 Jahre nach dem Ende der Hansezeit ist die große Tradition dieser historischen Epoche vielerorts noch sehr lebendig. Sie im Bewusstsein einer neuen europäischen Generation zu verankern, ist im zusammenwachsenden Europa auch ein Beitrag zur Verständigung der Menschen über politische, wirtschaftliche und gesellschaftliche Grenzen hinweg.

Urkunden und Dokumente

Die Betrachtung der mittelalterlichen Literatur zeigt, dass die Geschichte von kirchlichen Quellen dominiert ist. Bildung und Wissenschaft waren über Jahrhunderte hinweg von der Kirche beherrscht. Dies änderte sich erst im Hochmittelalter durch den in den Städten zunehmenden Einfluss des Bürgertums, so dass die nichtkirchlichen Quellen ab dem 12. Jahrhundert allmählich zunehmen.

So bietet auch die Hansezeit eine stattliche Sammlung von Urkunden, Verträgen, Protokollen, Briefen und vielem anderen mehr. Eine systematische Chronik gibt es jedoch nicht. Die Aufarbeitung des historischen Materials begann erst etwa 150 Jahre nach dem Ende der Hansezeit. Die auf zahllose Quellen gestützte große Auswahl an Forschungsliteratur bietet eine enorme Vielfalt an Fachbeiträgen, aber keinen umfassenden und geschlossenen Spiegel der mittelalterlichen Hanse, zumal sie teilweise in ihren Einschätzungen auch zu abweichenden Resultaten kommen. Auch die Ansätze der Historiker unterliegen dem Wandel der Zeiten. Der Blickwinkel ist wiederum mitentscheidend für die Ergebnisse. Die jüngere Wissenschaft hat sich aber weitgehend von heroischen, großbürgerlichen, sozialkritischen oder marxistischen Blickwinkeln befreit und versucht, die Erkenntnisse zu einem realistischen Bild zu verdichten. Dies ist ein laufender Prozess. Wir können deshalb heute von der hanseatischen Vergangenheit noch kein vollständiges Bild gewinnen, wohl aber einen umfassenden Eindruck.

Bauern, Handwerker und Händler gingen profanen Gewerben nach und fanden deshalb im Schriftgut der Kirche entsprechend geringen Niederschlag. Für die Ausübung profaner Berufe waren schriftliche Belege in der Regel nicht erforderlich. Das gesprochene Wort und der Handschlag waren im Alltagsleben Verpflichtung genug. Zentrale Bedeutung hatten indes Urkunden und Dokumente, mit denen die Städte ihre städtische Freiheit behaupten und damit erhebliche Privilegien begründen konnten. Sie finden sich in zahllosen Archiven und Sammlungen. Freiheit und städtische Privilegien wurden mit hohen Abgaben bezahlt. Manchmal war schon für die Ausfertigung solcher Urkunden ein stattlicher Kaufpreis fällig. Aber auch Fälschungen kamen vor. Wichtiger als die Echtheit der Dokumente war deren Überzeugungskraft.

Weitere Quellen aus der Hansezeit sind die Gesetze und Rechtsverordnungen der Städte. Auch über Prozesse und Urteile wurde Buch geführt. Rechnungsbücher können weitere Aufschlüsse geben. Die Gilden gaben sich schriftliche Ordnungen, die Einblicke in die Organisation und Entwicklung von Handel und Handwerk ermöglichen. Zuweilen geben auch Münzen oder Kunstwerke wie Wandbilder und Teppiche Auskunft über die Vergangenheit, zumeist jedoch aufgrund mangelnder Detailtreue nur unzureichend. So hatte man beispielsweise von der legendären Hansekogge nur ungenaue Vorstellungen. Erst mit der Bergung einer versunkenen Kogge 1962 beim Bau des **Koggen-** Neustädter Hafens in Bremen ergab sich ein besseres Bild. Nach Ver- **wrack** messung, Restaurierung und langer Konservierung in Spezialbädern ist dieser Fund, der auf das Jahr 1380 datiert wurde, heute im Deutschen Schifffahrtsmuseum in Bremerhaven zu sehen. Ein zweites, noch größeres Koggenwrack wurde 1997 vor der Mecklenburgischen Insel Poel entdeckt und auf 1354 datiert. Es wird derzeit in Schwerin konserviert. Beide Funde haben zu Nachbauten angeregt.

Zeugen der Vergangenheit sind die alten Grundrisse, der im Ost- **Stadtgrund-** seeraum meist planmäßig angelegten, oft am Beispiel Lübecks ori- **risse** entierten Stadtstrukturen und etliche Bauwerke jener Zeit. Neben großen Kirchenbauten sind dies insbesondere stattliche Rathäuser, Gilde- und Bürgerhäuser. Ein geschlossenes, rein mittelalterliches Ensemble aber existiert nirgends mehr. Auskunft geben aber auch zeitgenössische Darstellungen städtischer Teilansichten und manchmal sogar ein kompletter mittelalterlicher Stadt- und Landschaftsprospekt. Allerdings kann man auch solchen Prospekten nicht immer trauen. Sie waren in aller Regel Auftragsarbeiten, mit denen Städte manchmal bestimmte Ansprüche untermauern wollten.

Ein interessantes Beispiel dafür ist die zwölf Meter lange Elbkarte, **Elbkarte** die Melchior Lorichs 1568 für Hamburg anfertigte. Zweck dieser Darstellung war, die Stromrechte der an der Norderelbe gelegenen Stadt Hamburg gegenüber den Ansprüchen des Grafen von Harburg an der Süderelbe juristisch abzusichern. Lorichs Karte vom Sachsenwald bis nach »DE SOLLTE SEE« (Nordsee) überzeugte das Reichskammergericht, denn die hamburgische Norderelbe zeigte sich auf der Karte als breiter, von vielen Schiffen befahrener Strom, während die Süderelbe recht schmal geraten war und durch unzählige Sandbänke kaum als schiffbar erscheinen konnte. So wurde schließlich eine wichtige Einnahmequelle per Gerichtsbeschluss abgesichert. Die Originalkarte befindet sich im hamburgischen Staatsarchiv, während Harburg heute ein Stadtteil von Hamburg ist.

Die Erforschung der Hanse führte zu großen Quellensammlungen. Bedeutende Beispiele sind das »Lübeckische Urkundenbuch« Urkunden-buch (entstanden zwischen 1843 und 1932), das »Hansische Urkundenbuch« (1876 bis 1939) und die »Hansischen Geschichtsblätter« (ab 1871). Nach der jüngeren Historikerauffassung erstreckt sich die Geschichte der Hanse vom 12. Jahrhundert bis in die Mitte des 17. Jahrhunderts – grob unterteilt in die Phasen des Zusammenschlusses der Kaufleute zu Schutzgemeinschaften und der späteren Städtegemeinschaft.

Die erste urkundliche Erwähnung belegt nur, dass etwas zu einer bestimmten Zeit bereits existiert hat. Das bedeutet jedoch meist, dass die Ursprünge weiter zurückliegen müssen. Land- und Seehandel jedenfalls wurden auch in Nordeuropa schon lange vor der Hansezeit Wikinger betrieben. So unterhielten die Wikinger ein weitreichendes Handelsgeflecht. Selbst bis Nordamerika sind sie dabei vorgedrungen. Die Epoche der Wikinger umfasst etwa den Zeitraum zwischen dem auslaufenden 8. Jahrhundert und der Mitte des 11. Jahrhunderts. Mit dem Ende des wikingischen Einflusses endete aber nicht der Handel.

Sehr wahrscheinlich ist, dass die alten Verbindungen größtenteils bestehen blieben, aber von anderen Kaufleuten fortgeführt, erweitert und schließlich dominiert wurden, die Jahrzehnte später erstmals im Zusammenhang mit dem Begriff Hanse genannt werden. Das ist in ökonomischer Hinsicht durchaus nachvollziehbar. Die Handelsdominanz der Wikinger ging mit ihrem Niedergang in andere Hände über. Aus den typischen Langbooten, die zu den Schiffen der frühen Hansezeit noch deutliche Parallelen zeigen, entwickelt sich die höhere, breitere und für größere Frachtmengen besser geeignete Kogge. Die Klinkerbauweise des Rumpfes und die Beseglung mit einem Mast und einem großen Rahsegel zeigen zumindest in den Ursprüngen eine deutliche Verwandtschaft.

Hansa ist die althochdeutsche Bezeichnung für Schar, zu verstehen als bewaffnete Gruppe. Im 12. Jahrhundert erscheint der Begriff erstmals urkundlich in Verbindung mit Kaufleuten, zunächst allerdings nicht einheitlich. Manchmal wird eine von Kaufleuten gezahlte Abgabe so bezeichnet, an anderen Stellen eine Gruppe von Kaufleuten im Ausland, also reisende Kaufleute. Als Zusammenschluss norddeutscher Kaufleute findet sich der Begriff erstmals im Jahr 1267 in einer englischen Urkunde. Ab 1343 bezeichnet Hanse dann die gesamte Gemeinschaft norddeutscher Kaufleute und in der Folgezeit die Gemeinschaft der Hansestädte, ab 1358 die »Steden von der dudeschen Hense«. Nach ihrer geografischen Lage gehörten die Hansestädte zum lübisch-sächsischen Drittel, zum westfälisch-preußischen Drittel oder zum gotländisch-livländischen Drittel.

Die Hanse passt in das Prinzip des mittelalterlichen Gildewesens.

Beide, Hanse und Gilde, waren Schutzgemeinschaften auf Gegenseitigkeit. Während die Gilde jedoch ein Zusammenschluss im selben Gewerbe tätiger Menschen an einem Ort war, agierte die Hanse nicht ortsgebunden, sondern als Zweckgemeinschaft überregional. Auch wurden die Bindungen und gegenseitigen Verpflichtungen n der Hanse im Gegensatz zur Gilde nicht durch einen Eid bekräftigt. **Gilde**

Eine eigentliche Gründung der Hanse mit festen Daten gibt es nicht. Die so genannte Blütezeit der Hanse wird von den Historikern unterschiedlich gesehen. Manche sehen den Stralsunder Friedens- und Privilegienvertrag von 1370 mit dem dänischen König Waldemar IV als Beginn der eigentlichen Blüte. Tatsächlich stieg daraufhin die Zahl der Mitgliedsstädte. Der politische Einfluss der Hanse erreichte seinen Höhepunkt. Anderen Historikern gilt die Mitte des 14. Jahrhunderts als Blütezeit der Hanse und der Friedensvertrag von 1370 dagegen schon als Meilenstein für den allmählichen Niedergang. Tatsache ist, dass 1669 nach einer langen Phase des Niedergangs der letzte Hansetag abgehalten wurde, bei dem nur noch neun Städte vertreten waren. Zu Beschlüssen kam es nicht mehr. Spätere Versuche, Hansetage einzuberufen, fanden in den Städten kein Gehör. Eine große Epoche war vorbei. **1370** **1669**

Die häufig im Rathaus zu Lübeck abgehaltenen Hansetage waren die einzige dauerhafte Institution und gleichzeitig die höchste Instanz des Bundes. Das Rathaus von Lübeck war praktisch das Machtzentrum der Städte-Hanse. Fragen des gemeinsamen Interesses wurden beraten und Streitigkeiten entscheiden – etwa den Ausschluss und die Zulassung von Mitgliedern oder Probleme der einzelnen Städte miteinander. Weitere Themen der Hansetage waren Sicherung und Erreichung von Handelsprivilegien und Monopolen, Entscheidungen über Blockaden, Krieg und Frieden, wirtschaftliche Abmachungen und Auslandsangelegenheiten. **Lübeck**

Die Hansetage wurden nicht regelmäßig abgehalten, und nie waren alle Hansestädte vertreten. Lange Reisen von mehrköpfigen Abordnungen in ferne Städte waren sehr aufwändig. Mangelndes Interesse an übergreifenden Themen mag ebenfalls ein Grund gewesen sein, denn in letzter Konsequenz standen immer die Geschicke der eigenen Stadt im Vordergrund. Zudem konnte man sich von anderen Städten vertreten lassen und bei den überregionalen Angelegenheiten auf die Urteils- und Entscheidungskraft Lübecks setzen, denn die Stadt war ab 1356, trotz mehrfacher Anfechtungen dieser Position durch andere Hansestädte, die allgemein anerkannte Führerin der Hanse. Insbesondere im Ausland wurde die Hanse dabei als große Einheit mit zentraler Führung begriffen. Wesentlich häufiger als die Hansetage wurden Regionaltage abgehalten, oft mehrmals im Jahr. Wie der Begriff sagt, ging es dabei vorrangig um regionale Interessen, zu denen dann auch außerhansische Themen gehören konnten. Die teilnehmenden Städte rekrutierten sich zumeist aus einem der oben genannten hanseatischen Drittel.

<u>1230</u> Nach mehreren Quellen entstand 1230 als erster der wendische Städtebund mit zunächst Lübeck und Hamburg. Später folgten Wismar, Rostock, Stralsund, Greifswald, Stettin, Anklam, Kiel und Lüneburg. Lübeck und Hamburg sind daher als die eigentlichen Begründer der Städtehanse zu sehen. Im mehrfach erneuerten westfälischen Bund hatte Dortmund eine führende Rolle. Im sächsischen Städtebund übernahm Braunschweig diese Funktion. Im rheinischen Städtebund dominierte Köln. Vom Deutschen Ritterorden abhängig entwickelte sich im Osten der preußische Bund. Dies war eine Besonderheit in der Hansezeit, denn der Hochmeister des Ordens war eine regionale Herrscherfigur, die auch auf die Städte unmittelbaren Einfluss ausübte.

Es scheint schwierig, den Begriff der Hanse einheitlich zu definieren – ein Bund ohne eigentliche rechtliche Grundlage, ohne Verwaltung und ohne Verfassung. Eine Idee, wahrscheinlich aus dem Bedürfnis nach Schutz auf risikoreichen Handelsreisen geboren, führt zunächst einzelne Kaufleute zu Genossenschaften zusammen, greift Raum und wird über einen längeren Zeitraum schließlich zu einem <u>200 Städte</u> lockeren Städtebund, dem im Laufe der Zeit 200 Mitglieder angehören. Vor den Zeiten des Städtebundes galten zunächst reisende Kaufleute im Ausland als Hansen. Dann galt der Begriff für die Menschen, die in den ausländischen Kontoren der Hanse tätig waren. Später wurden die Bürger der Hansestädte als Hansen bezeichnet. Eine klare Abgrenzung gab es aber nie.

<u>Anfänge</u> Die Anfänge der Hanse liegen im Dunkeln. Im frühen 11. Jahrhundert werden bereits die »Untertanen« in Bremen, Köln und Tiel vom Kaiser – zusammen mit den Bürgern von London – »würdig für gute Gesetze« erachtet, was 1130 eine Art Bestätigung im Privileg für Kölner Kaufleute im Englandhandel fand. Belegt ist auch die Gründung der »Genossenschaft der Gotland besuchenden deutschen Kaufleute« im Jahr 1161. Nach 1180 entsteht im russischen Nowgorod <u>1180</u> das erste Auslandskontor der Hanse.

Der wesentliche Bündnisgedanke war zunächst, sich auf den gefährlichen Reisen gegenseitig und auch die wertvollen Handelswaren zu beschützen. Einigkeit macht stark. Mit dem wirtschaftlichen Erfolg gewinnen die Kaufleute zunehmend Einfluss in ihren Heimatstädten und es gelingt dem Bürgertum nach und nach, auch politische Macht zu gewinnen. Wirtschaftswachstum und erstarkendes Selbstbewusstsein der bürgerlichen Oberschicht sind die Grundpfeiler der städtischen Entwicklung in ganz Europa.

Die wachsenden Städte versuchen, sich dem Einfluss ihrer regionalen kirchlichen oder weltlichen Landesherren zu entziehen. Die Rittergestalt des Roland wird mancherorts zu einem Symbol des bürgerlichen Machtanspruchs. Sehr demonstrativ steht beispielsweise der Roland von Bremen seit 1404 auf dem Marktplatz und blickt mahnend auf den Dom, die damalige Wirkungsstätte des Bischofs. Die Inschrift auf dem Schild des steinernen Ritters beruft sich auf die Freiheit, die angeblich Karl der Große den Bremern

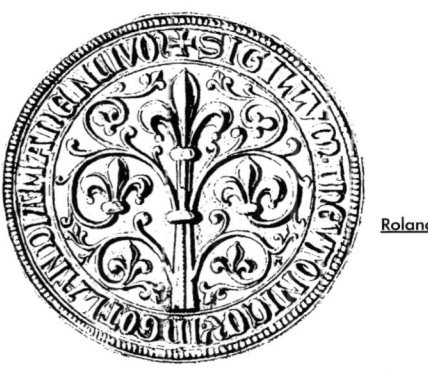

Roland

Siegel der deutschen Kaufleute auf Gotland (1313).

schon vor Jahrhunderten offenbart habe. Tatsache ist, dass der Frankenkaiser Bremen seinerzeit zum Bistum machte und damit praktisch unter die Herrschaft eines Bischofs stellte. Der steinerne Roland hatte einen hölzernen Vorgänger, der jedoch verbrannte – angezündet höchstwahrscheinlich von den Schergen des Bischofs. 2004 feierte Bremen den 600. Geburtstag des Freiheitssymbols und leitete damit auch die Bewerbung als Kulturhauptstadt 2010 ein. Die Bewerbungsunterlagen wurden stilvoll mit einer Kogge zum Reichstag in Berlin gebracht.

Machtansprüche seitens des Bürgertums waren natürlich leichter zu erheben, wenn man sich dabei auf einen weit entfernten Kaiser berief und sein Begehren nicht den eigenen Landesherren offen ins Gesicht sagen musste. Das Ziel waren Formen der städtischen Freiheit, die Reichsunmittelbarkeit als Freie Reichsstadt oder sogar die Gründung einer eigenen Stadtrepublik, wie es schließlich den Hansestädten Bremen, Hamburg und Lübeck gelang. Bremen und Hamburg konnten sich diesen Status bis auf eine kurze Unterbrechung in der Nazizeit erhalten. Sie wurden im Rahmen der Neuordnung nach dem Weltkrieg II. wieder selbstständige Stadtstaaten der Bundesrepublik Deutschland. **Freie Städte**

Bei den Mitteln zur Erreichung und Sicherung der freiheitlichen Ziele war man im Mittelalter nicht zimperlich. Hohe Abgaben, militärische Unterstützung oder die Mitfinanzierung von Kriegen waren häufig der Preis dafür. Bremen erkaufte sich 1646 zur Sicherung seiner Privilegien nach dem 30-jährigen Krieg von Kaiser Ferdinand III. das »Linzer Diplom« für stolze 100.000 Gulden, was einem kompletten Jahreshaushalt entsprach. Zudem waren Tausende von Reichstalern für die kaiserlichen Beamten fällig, um die hochoffizielle Bestätigung der Freiheit zu erkaufen. Mehrere Fuhrwerke schafften die ungeheure Summe nach Linz. Der wichtigste Satz auf dem teuren Papier lautet:»Aus all dem ist unfehlbar befunden worden, dass die Stadt Bremen von uralten Zeiten her des Heiligen Römischen Reiches unmittelbare freie Reichsstadt gewesen und daher uns und dem Heiligen Reiche allein und ohne Mittelstelle Untertan ist.« Wesentlich preiswerter machten es die Hamburger, die sich auf das »Barbarossa-Privileg« von 1189 beriefen – eine Fälschung, die nach dem Tod des großen Kaisers ausgefertigt worden war.

Diese Freiheit der Städte war die wesentliche Voraussetzung, um mit der Duldung oder dem Wohlwollen der offiziellen Herrscher seine kaufmännischen Interessen zu verfolgen. Das ökonomisch orientierte Wirtschafts- und Schutzbündnis der Hanse überdauerte Jahrhunderte. Dabei pflegte jede Stadt vornehmlich ihre eigenen Interessen. Man beteiligte sich an der Hanse, solange eine Mitgliedschaft konkrete Vorteile mit sich brachte. Deshalb wechselte die Zahl der Hansestädte ständig. Bis zu 90 Städte konnten in der Blütezeit gleichzeitig Mitglieder gewesen sein.

Wer gegen Beschlüsse (Rezesse) der Hansetage verstieß, konnte Verhansung schlimmstenfalls ausgestoßen werden (Verhansung). Dies widerfuhr zum Beispiel vorübergehend Bremen, Köln, Wismar und Stralsund, was deren wirtschaftliche Entwicklung jedoch nicht beeinträchtigte. Andere Städte verließen die Hanse aus eigenem Antrieb oder auf Druck regionaler Herrscher. Die individuellen Interessen und die teils sehr unterschiedliche Weise, in der die See- und Binnenstädte von der Mitgliedschaft profitierten, waren schließlich auch ein Grund für den schleichenden Niedergang der Hanse, bevor der Dreißigjährige Krieg mit seinen Folgen schließlich nach rund 500 Jahren den äußeren Schlussstrich zog.

Die Hanse war eine deutsche Bewegung, genauer: eine Bewegung niederdeutscher Kaufleute. Dabei ist deutsch nicht als territoriale oder nationale Einheit zu verstehen. So galten beispielsweise Wisby auf Gotland oder auch Stockholm sowie die livländischen Städte als Hansestädte, obwohl sie nie oder zumindest nicht durchgehend unter einer – wie auch immer gearteten – deutschen Staatsherrschaft standen. Die Verwendung des Begriffs Hansestadt stützt sich auf die Präsenz und die Rechte deutscher Kaufleute in den genannten Städten.

Handels- Sicher ist, dass die Hanse über zwei Jahrhunderte die größte Han-
flotte delsflotte Europas stellte. Die Transportkapazität im 16. Jahrhundert wird auf 60.000 Lasten (ca. 120.000 Tonnen) geschätzt. Starke Seemächte waren England, Niederlande, Spanien, Frankreich und Portugal, deren Interessen galten jedoch weniger dem Handel als der militärischen Präsenz.

Die Stadt im Spätmittelalter

Während zuvor die Höfe der großen Herrscher Zentren der Macht und der kulturellen Entwicklung waren, gewinnen die Städte ab dem 12. Jahrhundert zunehmend an Gewicht und werden die eigentlichen Zentren der Wirtschaft, des Handels, der Kultur und der Bildung. Die für die Entwicklung erforderliche Freizügigkeit wird ihnen vom jeweiligen Kaiser eingeräumt. So entstehen schließlich 60 Reichsstädte. Hinzu kommt eine Vielzahl weiterer freier Städte, die ihre Privilegien von regionalen Herrschern erhalten. Kaiser, Könige und Fürsten benötigen für ihre machtpolitischen Interessen viel Geld und häufig auch militärische Unterstützung. Die wohlhabenden freien Städte können den finanziellen Bedarf wesentlich besser decken als die ländliche Gesellschaft. Das wirtschaftliche Gedeihen der Städte ist eine ertragreiche Quelle. Daraus erklärt sich die Bereitschaft der Herrscher, den Städten den gewünschten Status und damit die Privilegien für eine weitreichende Selbstständigkeit zu gewähren. Vor allem die neu entstehenden Städte Mittel- und Osteuropas wurden oft von Anfang an mit umfassenden Rechten ausgestattet.

Bei vielen Unterschieden in den diversen Städten bildet der Rat **Rat** das Zentrum der städtischen Macht. Schon im 12. Jahrhundert entstehen in vielen Städten die Rathäuser. Architektur und Ausschmückung der repräsentativen Bauten unterstreichen innen wie außen deutlich den Führungsanspruch und das Selbstbewusstsein der freien Städte. »Stadtluft macht frei«, wird zu einem geflügelten Wort. In den Städten gibt es keine Abhängigkeit vom Adel und damit auch keine Leibeigenschaft. Die Begriffe Herr und Knecht haben in der Stadt keine Bedeutung mehr. Offensichtlich war der Zulauf der Städte sehr ausgeprägt. Nicht ohne Grund mahnte eine alte Inschrift in Bremen sinngemäß: Bremen sei bedächtig und lasse nicht mehr Leute in die Stadt, als zu verkraften sind.

Ebenso kennzeichnend wie Rat und Rathaus war im Spätmittelalter ein ausgeprägtes und hierarchisch organisiertes Ständewesen, in dem jedoch die unteren Stände von den politischen Rechten ausgeschlossen waren. Bei den vor allem im Osten neu entstehenden Städ-

13

ten gab es zumeist von Anfang an weitreichende Selbstverwaltungs-befugnisse, um die möglichst schnelle wirtschaftliche Entwicklung zu fördern.

Das wesentliche Merkmal des ökonomischen Erfolgs war damals wie heute das Wachstum. Da die Produktivität mit den damaligen Mitteln kaum steigerungsfähig war, hieß Wirtschaftswachstum zwangsläufig auch Bevölkerungswachstum. Die ständig steigenden Einwohnerzahlen brachten erhebliche Probleme mit sich. Die Menschen brauchten Unterkünfte und mussten mit Lebensmitteln versorgt werden. Der begrenzte Raum innerhalb der Stadtmauern wurde oft äußerst intensiv bebaut. Eine geordnete Abfallentsorgung gab es **Pest** nicht, ebenso wenig ein Kanalsystem für die Abwässer. Die Pest und andere bakterielle Epidemien konnten sich schnell ausbreiten. Allein der »schwarze Tod« forderte zwischen 1347 und 1352 in Europa rund 25 Millionen Todesopfer, etwa ein Drittel der gesamten Bevölkerung.

Der deutlich sichtbare Wohlstand der schnell wachsenden Städte stand im Gegensatz zu den mehrheitlich herrschenden Lebensbedingungen. Durch die großen Unterschiede zwischen den Ständen war das Leben in den gehobenen Bürgerquartieren wesentlich komfortabler als bei den niederen Ständen. Wer sich heute in den alten **Architektur** Stadtzentren umschaut, erfreut sich an der Architektur der gewaltigen Sakralbauten, der stattlichen Rathäuser und Geschäftsbauten und an den großzügigen Wohnhäusern des Patriziertums. Die engen und verwinkelten Quartiere sind weitgehend aus den Stadtbildern verschwunden. Dort, wo sie in Relikten noch vorhanden sind, wurden sie so restauriert, dass sie zu liebenswerten touristischen Attraktionen oder auch zu begehrten Innenstadtwohnungen geworden sind.

Handwerk Die Spezialisierung des Handwerks und anderer Berufsgruppen konzentrierte sich auf die verschiedenen Stadtquartiere. Die einzelnen Gewerke arbeiteten voneinander getrennt. Die alten Straßennamen lassen dies noch heute erkennen. So war die Böttchergasse die Straße der Holzgefäßmacher (Bottig), in der Knochenhauer- oder Fleischhauerstraße betrieben die Schlachter ihr blutiges Geschäft, auf Reeperbahnen oder Reepschlägerbahnen arbeiteten die Seilmacher, in der Fischergasse lebten die Fischer mit ihren Familien, in der Bäckergrube die Bäcker etc. Zumeist hatte jedes große Gewerbe auch seine eigene Kirche, deren Name von den jeweiligen Schutzpatronen geprägt wurde – etwa Nikolaikirche für die Seefahrer oder Petrikirche für die Fischer. Für die großen Kirchen der Kaufleute stand häufig Maria als Namenspatronin Pate.

Gilden Die einzelnen Gewerbe waren in Gilden (Kaufleute) und Zünften **Zünfte** (Handwerker und Krämer) organisiert. Selbst Minderheiten konnten so organisiert sein, etwa Musikanten, Notare, Bettler oder Huren. Gil-

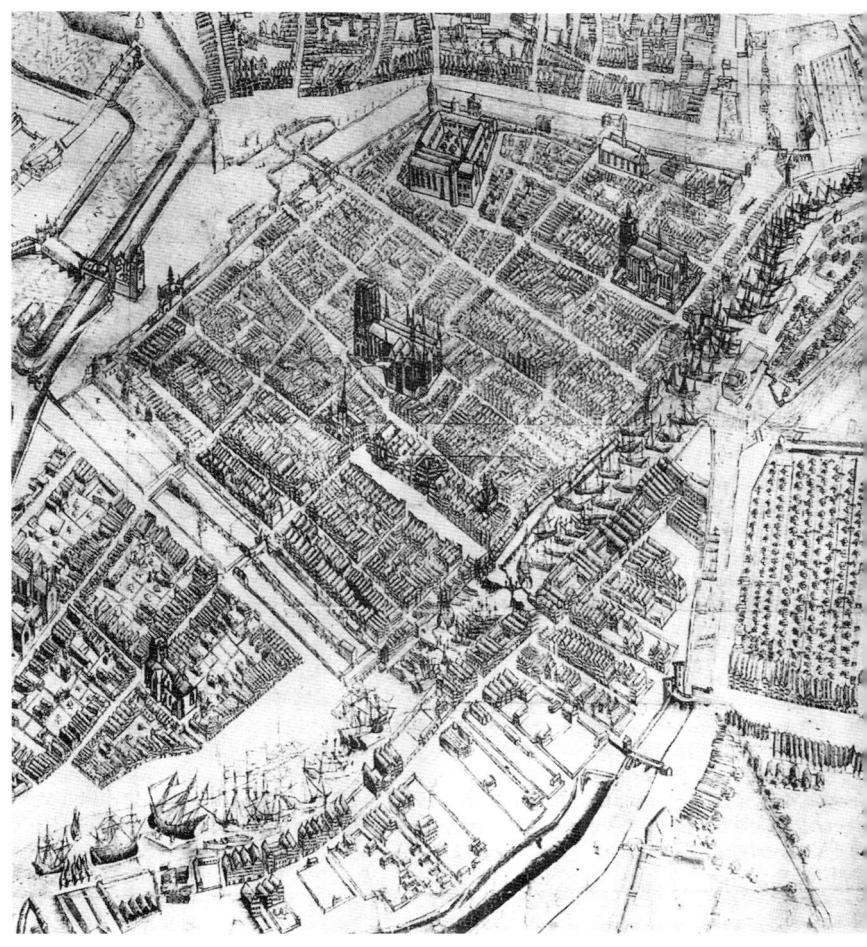

Darstellung der Stadt Danzig aus dem Jahr 1615 (Ausschnitt).

den und Zünfte boten ihren Mitgliedern in einer Art Genossen-
schaftswesen wirtschaftlichen und sozialen Schutz. Gilden durften
die Preise für Handelswaren innerhalb ihrer Stadt festlegen, um sich
vor dem Preisdruck durch Wettbewerb zu schützen. Zünften war dagegen das Recht auf Festpreise für die Erzeugnisse ihrer Mitglieder
nicht zueigen. Mitglieder einer Zunft waren alle Männer und Frauen
gleichen Standes, jedoch streng gegliedert nach Meistern, Gesellen
und Hilfskräften. Die Zahl der Meister war in jedem Gewerbe l m tiert,
um neue Konkurrenten auszuschließen und d e eigenen Existenzen
zu sichern.

Frühe deutsche Nachweise über das Zunftwesen finden sich im
11. und 12. Jahrhundert. Im Rahmen der seitens des städtischen Rates jeweils festgelegten Ordnung regelten die Gilden und Zünfte Ar-

beitszeiten, die Zahl von Gesellen und Lehrlingen in den einzelnen Betrieben, Rechte, Pflichten, Arbeitsethos, Qualitätsstandards (zünftige Erzeugnisse), Einkauf, Materialzuteilung und die Abgrenzung gegenüber anderen Zünften. Die Leitung oblag gewählten Zunftmeistern. Regelungen wurden in Zunftbüchern festgehalten. Den Zünften waren auch Teile der Gerichtsbarkeit übertragen. In Zunftordnungen und -briefen wurde das Zunftrecht fixiert. Im Hochmittelalter wurden die Zunftmeister Mitglieder des Rates der Städte und gewannen politischen Einfluss. Zu den zünftigen Pflichten gehörten Verteidigungsaufgaben für festgelegte Abschnitte der Stadtmauern.

Zunfthäuser Zentren des zünftigen Standeslebens waren häufig eigene Zunfthäuser. Lübeck bietet dafür mit dem Haus der Schiffergesellschaft, das ehemalige Amtshaus der Schiffer und Segelmacher, ein noch heute lebendiges Beispiel. Die Einkünfte aus der heute öffentlichen Restauration kommen wie früher gemeinnützigen Zwecken zugute. Das Haus Seefahrt in Bremen steht in derselben Tradition, auch wenn der erste Sitz längst nicht mehr existiert und das heutige Gebäude weit außerhalb der früheren Stadtmauern liegt. Die alljährlich im Februar nach strengen Traditionen veranstaltete »Schaffermahlzeit« im prachtvollen Bremer Rathaus versteht sich als das »älteste Brudermahl der Welt«. Die Spenden kommen dem Haus Seefahrt zugute, dem alten Sozialfonds für die Witwen und Waisen der Seefahrer. Ähnliche und weitere soziale Einrichtungen wie Hospitäler entstehen in vielen Hansestädten.

Eigene Bildungseinrichtungen sind weitere Kennzeichen der freien Städte im Mittelalter. Bei der von der Kirche dominierten Bildung standen die lateinische Sprache und natürlich die Religion im Zentrum. Nach mittelalterlichem Verständnis kam aus den Inhalten der Bibel alle Erkenntnis und erklärte das gesamte Weltgeschehen. Dieses Bildungsmonopol wurde jedoch von den städtischen Räten heftig und schließlich erfolgreich angefochten. Der Öffnung der kirchlichen Schulen für den bürgerlichen Nachwuchs folgte zunächst die Einflussnahme auf Lerninhalte und Unterrichtsgestaltung. Lesen, schreiben, rechnen und Buchführung war für die Söhne der einflussreichen Kaufleute natürlich wichtiger als Latein und Bibeltexte. Für die Mädchen galt dagegen lesen und schreiben als ausreichend. Schließlich kam es zur Gründung eigener, bürgerlich orientierter Universität Stadtschulen und Universitäten. Die erste Universität des Nordens entstand 1419 in Rostock.

Zu den Privilegien der freien Städte gehörte die Gerichtsbarkeit. Die Ausübung erfolgte durch die Räte. Rechtsbücher hielten die wachsende Zahl der Bestimmungen und Verordnungen fest. Wesentliche Inhalte mussten im jährlichen Turnus öffentlich verlesen werden. Im Hochmittelalter bildeten sich Unterschiede zwischen der

höheren und der niederen Gerichtsbarkeit aus. Kapitalverbrechen Gerichts-
wie Mord, Totschlag oder Raub unterlagen der höheren Gerichtsbar- barkeit
keit. Die niedere Gerichtsbarkeit war mit kleineren Straftaten und insbesondere mit privaten Rechtsstreitigkeiten befasst. Sie konnte in die Hände der Zünfte gelegt werden.

Innerhalb der Städte herrschte für die Bürger grundsätzlich Rechtsgleichheit ohne Rücksicht auf die Stände. Die Bürger konnten aber fast immer mit milderen Strafen rechnen als stadtfremde Men- Strafen
schen, die bei gleichen Straftaten härtere Ahndungen zu erwarten hatten. Körperstrafe, Sühne, Verbannung, Acht (Vogelfreiheit) und Todesstrafe waren die härtesten Urteile. Der Vollzug war öffentlich, er sollte der Abschreckung dienen und war gleichzeitig Volksbelustigung. Die Zurschaustellung eines Verurteilten am Pranger war von zusätzlichen Demütigungen begleitet. Der Großteil der Rechtsfälle aber wurde vor den Niedergerichten verhandelt. Gängige Urteile waren Wiedergutmachungs- und Sühnezahlungen oder auch Prügelstrafen. Reichte dies nicht aus, um die Schuld zu sühnen, wurde der Beschuldigte dem Hochgericht überstellt.

Die wesentlichen Privilegien der mittelalterlichen Stadt sind der Aufbau eines eigenen Stadtrechts, die Selbstverwaltung einschließlich der Gerichtsbarkeit, die Selbstverteidigung mit eigener Stadtbefestigung und das Marktrecht als Grundlage für die Entwicklung des freien Handels. Zudem konnten weitere Privilegien gewährt werden. Eine ergiebige Einnahme sicherte das Zollrecht. Das Stapelrecht Stapelrecht
zwang durchreisende Händler, entweder alle Waren oder auch genau definierte Warenarten in den so privilegierten Städten zum Verkauf anzubieten. Manche Städte durften per Münzrecht eigene Währungen ins Leben rufen und Münzen schlagen lassen. Das führte im Laufe der Zeit natürlich zu einer Vielfalt von Maßen, Gewichten und Währungen. Da die Münzen aber zumeist aus Edelmetall geschlagen wurden, konnte man immerhin deren Gewicht als überall gültige Berechnungseinheit nutzen. Bei den Maßen und Gewichten kam es in den Handelsstädten zu freiwilligen Einigungen, häufig zur Übernahme der in Lübeck gebräuchlichen Normen.

Die Stadtbilder der nördlichen Hansestädte zeigen deutliche Par- Stadtbilder
allelen. Dies gilt nicht für die frühen Stadtgründungen wie beispielsweise Bremens und Hamburgs mit ihren unabhängig voneinander gewachsenen Strukturen. Die Parallelen sind jedoch besonders klar zu erkennen in den städtischen Neugründungen des 13. und 14. Jahrhunderts entlang der südlichen Ostseeküste, die sich schon bei der Planung am Beispiel Lübecks orientierten. Das Zentrum bildet ein quadratischer oder rechteckiger Marktplatz, flankiert vom Rathaus und der Hauptkirche der Stadt. Gemeinsam ist allen Städten die gezielt gewählte geografische Lage. Sie liegen entweder weit

Stralsunder Rathaus mit gotischer Blendfassade.

zurück von der Küste im Schutz der von der See weniger bedrohten Flüsse wie Bremen, Hamburg, Lübeck oder Rostock beziehungsweise im Schutz vorgelagerten Inseln und Nehrungen wie Wismar, Stralsund oder Königsberg. Auch Verteidigungsfragen haben seinerzeit bei der Ortswahl zweifellos Pate gestanden.

Unverkennbarer Baustil der Hansestädte an der Küste ist die **Backsteingotik**. Bei den alten Rathäusern in Lübeck und entlang der **gotik** Ostsee findet sich zuweilen eine prächtige Schmuckfassade, die über die tatsächliche Größe des dahinter liegenden Gebäudes erheblich täuscht. Hinter manch vermeintlicher Fensteröffnung und anderen Elementen des Giebels ist nichts als der Himmel zu sehen. Für Stralsund besagt ein spöttischer und wohl auch neidvoller niederdeutscher Vers in der hochdeutschen Übersetzung sinngemäß: Das Rathaus ist wie die Stralsunder Kinder – hoch gewachsen und nichts dahinter.

Handelswege und Handelsgüter

Das Haupthandelsnetz der Hanse erstreckte sich von Nowgorod und Reval im Osten bis nach Brügge und London im Westen. Im Norden war das Hansekontor in Bergen der wichtigste Handelsplatz. Aber auch Stockholm und Wisby auf Gotland waren große Hansestädte. Im Süden begrenzte etwa die Linie Mainz, Nürnberg, Prag, Krakau den Haupthandel. Die Ost-West-Ausdehnung lag damit bei rund 2.300 Kilometern und die Nord-Süd-Ausdehnung bei etwa 1.400 Kilometern. So erschloss das Haupthandelsnetz eine Fläche von über 3,2 Millionen Quadratkilometern. Zudem gab es Niederlassungen (Faktoreien) in vielen anderen Ländern.

Über Jahrhunderte konnten sich die Hanseaten in Nordeuropa als Haupthandelsmacht behaupten. Am stärksten ausgeprägt war die Vormachtstellung aber im Ost-West-Handel. Als wesentliches Element des wirtschaftlichen Erfolgs muss dabei die Besiedelung und Erschließung des Ostseeraums gesehen werden, die von zahlreichen Stadtgründungen begleitet wurde. So ist auch der Begriff »Oosterlinge« zu erklären, mit dem die hanseatischen Kaufleute im Westen bezeichnet wurden. Die dominierenden Warenflüsse der Hanse: Rohprodukte und Lebensmittel aus dem Nordosten Europas gegen Fertigwaren aus West- und Südeuropa. Mit Schiffen sind hanseatische Kaufleute durch den Ärmelkanal zu französischen, spanischen und portugiesischen Häfen vorgedrungen und ab dem 16. Jahrhundert auch in das Mittelmeer. Im Osten erstreckte sich der hanseatische Handel bis nach Moskau und im Norden bis nach Island. Darüber hinaus gab es weitere Handelslinien auf dem Landweg, die bis zum Schwarzen Meer reichten.

Eine wichtige Handelsachse war die rheinische Linie, wobei der Lückenschluss über die Alpen zu den oberitalienischen Städten mit Fuhrwerken erfolgte – eine Strecke, die nicht von den hanseatischen Kaufleuten kontrolliert wurde. Vorübergehend betrieben hanseatische Kaufleute aber auch eine eigene Niederlassung in Venedig, konnten dort aber den privilegierten lombardischen Kaufleuten keine ernsthafte Konkurrenz auf der rheinischen Linie bieten. Die hanseatischen Kaufleute waren in Venedig praktisch kaserniert und durften ihren Gebäudekomplex nur in offizieller venezianischer Begleitung verlassen. Etliche weitere Niederlassungen der Hanse gab es entlang der Haupthandelsachse von Nordwestrussland bis nach Spanien. Die Faktoreien waren jedoch wesentlich kleiner als die großen Kontore in Bergen, Brügge, London und Nowgorod.

Die wichtigste Voraussetzung für den Handel ist immer ein entsprechender Bedarf. Das heißt, nachgefragte Güter können in einer Region nicht selbst oder aber nicht in ausreichendem Maße produziert werden. Die geografische Lage, fehlende Rohstoffe und unterschiedliche kulturelle Entwicklungen spielen dabei eine Rolle. Auf steigende Nachfrage reagieren die Märkte mit Spezialisierung auf bestimmte Produkte. Die Spezialisierung bedingt eine Arbeitsteilung. Gerade auch die Zeit der Hanse mit dem schnellen Wachstum der mittelalterlichen Städte stand im Zeichen dieser Entwicklung, die sich regional immer weiter ausbreitete.

Mit einiger Fantasie lässt sich die Hanse vielleicht als ein begrenzter Vorläufer der gegenwärtigen Globalisierungsphase betrachten. Auch in der Globalisierung ist die international steigende Arbeitsteilung das zentrale Merkmal. Die Folge ist eine wachsende Transportnachfrage. Handel und Transport wachsen damit schneller als die Produktion. Dies war auch das zentrale Entwicklungselement der Hanse und begründete sich auf das anhaltende Bevölkerungswachstum in der zweiten Hälfte des Mittelalters, das erst mit den großen Epidemien unterbrochen wurde.

Ein intelligentes Handelssystem basiert immer auf dem Güteraustausch, so dass durch die bilateralen oder multilateralen Verkehre teure Leerfahrten vermieden werden können. Ein solches System lässt sich aufgrund der unterschiedlichen und wechselnden Nachfrage sowie der unterschiedlichen wirtschaftlichen Entwicklungen in den einzelnen Regionen allerdings nie vollständig realisieren. Auch beanspruchen die verschiedenen Güter ganz unterschiedlichen Frachtraum. Zudem gibt es teure und billige Waren. Deshalb bleiben die Versuche, ausgewogene Handelsströme zu organisieren, immer Kompromisse.

Über die zahlreichen großen, in Nord- und Ostsee mündenden Flüsse und deren Nebenflüsse ließen sich weite Teile des Binnenlandes für den Handel auf dem Wasserweg erschließen. Dabei muss gesehen werden, dass sehr viele Verbindungen für die Boote des Mittelalters problemlos schiffbar waren. Zudem gab es Haupthandelswege, über die sich per Fuhrwerk das Binnenland abseits der Wasserwege oder auch parallel zu den Wasserwegen abdecken ließ.

Zu den frühesten und wichtigsten Handelsgütern der Hanse gehörte das Salz. Noch wichtiger als zum Würzen von Speisen war

Heringsfang vor Schonen.

Salz für die Konservierung von Lebensmitteln. Der Pro-Kopf-Ver- **Salz** brauch soll im Spätmittelalter bei über 15 Kilogramm im Jahr gelegen haben. Daraus erklärt sich die hohe Bedeutung dieses Handelsgutes. Hauptlieferant war die Hansestadt Lüneburg. Dort lieferten salzhaltige Quellen den Rohstoff, der anschließend im Siedeverfahren dehydriert wurde. Qualität, Reinheit, Feinkörnigkeit und Geschmack des Lüneburger Salzes war dem aus dem Meer gewonnenen Salz französischer und spanischer Konkurrenten überlegen, so dass Lüneburg eine sehr starke Position als Salzlieferant behaupten konnte.

Als Konservierungsmittel wurde Salz außer für Butter, Käse und Fleisch vor allem für Fisch benötigt. Die ergiebigen Heringsbestände **Hering** vor der schonischen Küste (Südschweden) waren das »Silber der Ostsee«. Der Legende nach sollen die Heringsschwärme zeitweise so dicht gewesen sein, dass sie angeblich die Schifffahrt behinderten. Jedenfalls war der Hering in der Ostsee von dänischen Fischern leicht zu »ernten«, wurde mit Salz aus Lüneburg konserviert und anschließend von hanseatischen Kaufleuten bis weit in den süddeutschen Raum hinein mit guten Gewinnspannen verkauft. Fisch war schon wegen der damals viel längeren Fastenzeiten ein wichtiges Nahrungsmittel. Stockfisch aus Norwegen und schonischer Salzhering stellten einen Großteil des Fischhandels.

Etwa die Hälfte des Salzhandels wurde von Lübeck kontrolliert, ein Drittel des Volumens lief über Hamburg. Um die großen Salzmengen von Lüneburg nach Lübeck preiswerter befördern zu können, wurde der Stecknitzkanal als Wasserverbindung von der Unterelbe

21

zur Ostsee gebaut. Lastkähne konnten größere Frachtmengen aufnehmen als Fuhrwerke. Der Kanal wurde 1398 fertig gestellt. Das Salz wurde in Lübeck auf Seeschiffe umgeladen und über die Ostsee nach Norden transportiert. Ergänzende Ladungen waren vor allem Getreide, Mehl und Nahrungsmittel für den Norden sowie Holzfässer zum Transport der Heringe über Lübeck in das Binnenland. So waren die Schiffe in aller Regel gut ausgelastet.

Getreide Ebenso bedeutungsvoll war der Getreidehandel. In Ostpreußen, in den baltischen Gebieten und in Polen überstieg der Anbau bei weitem den Eigenbedarf, so dass dieses Nahrungsmittel in großen Mengen in Richtung Westen verkauft werden konnte. Der gewaltige Speicher des Deutschen Ritterordens in der Marienburg fasste 70.000 Tonnen Getreide. Bei der Transportkapazität der Kogge bedeutete allein dieser Speicher rund 500 Schiffsladungen. Die Haupthäfen für ostpreußisches Getreide waren Danzig, Riga und Reval. Für den Absatz der riesigen Mengen erschlossen die Hanseaten Flandern, Wallonien und Nordfrankreich als neue Märkte im Westen. Dort entstanden damals hauptsächlich hochwertige Handwerkserzeugnisse. Vor allem die Produkte der Tuchmacher und Metallwerkstätten waren begehrt. Brügge wurde zum einem Zentrum des internationalen Handels, auch gestützt von der Funktion als nordeuropäische Drehscheibe für viele Luxusartikel aus Venedig und anderen italienischen Städten wie hochwertiges Glas oder kostbare Seide und teure Gewürze aus Asien. Diese Produkte gelangten durch die hanseatischen Kaufleute in den gesamten Ostseeraum.

Wein Neben seiner Bedeutung als Messwein, der ständig in allen Kirchen benötigt wurde, waren Weine auch bei den wohlhabenden Bürgern im europäischen Norden trotz der hohen Preise begehrt. Das Volksgetränk war Dünnbier (»flüssiges Brot«). Beides, Wein und Bier, waren wichtige Handelsgüter für die hanseatischen Kaufleute. In unzähligen Brauereien in etlichen Hansestädten wurde preiswertes Bier gebraut. Gute Weine aus Nordeuropa gab es dagegen damals wie heute nicht. Eine erstklassige Verbindung zu den Anbaugebieten aber waren der Rhein und dessen Nebenflüsse einschließlich der Maas. Am Rhein war die Hansestadt Köln das Zentrum des Weinhandels. Ob Weißweine vom Rhein oder Rotweine aus Frankreich, zumindest der Handel in Richtung Osten lag hauptsächlich in den Händen hanseatischer Kaufleute. Richtung England dominierten französische Kaufleute den Markt.

Bier Das Bierbrauen ist in Nordeuropa schon seit vorgeschichtlicher Zeit belegt. Die einfachen obergärigen Biere waren allerdings kaum haltbar und daher nicht für Transport und Handel geeignet. Das änderte sich erst mit der Herstellung untergäriger Biere. Wem auch immer diese wahrscheinlich norddeutsche Entwicklung zugeschrieben werden kann, die Hanseaten brachten untergärige Biere als eigene Produkte in den Handel. So wurden Städtenamen wie Braunschweig, Einbeck, Goslar oder Paderborn zu Qualitätsbegriffen für hanseatisches Bier, das in ganz Europa und selbst in den Weinanbaugebieten geschätzt wurde.

Mit dem steigenden Wein- und Bierhandel erfuhren auch die Fass- **Böttcher** hersteller (Böttcher) eine anhaltende Blüte. Sie entwickelten sich zu einer der starken Zünfte in den Hansestädten. Darüber hinaus waren Holzfässer eine Art praktisches Universalgefäß für viele verschiedene Handelsgüter. Von Salz und Fisch war bereits die Rede. Dazu kamen Honig und Wachs, Mehl und Getreide, Öle und Fette. Selbst Tabak und Felle wurden in Fässern gelagert und transportiert. Sie boten einen zusätzlichen Nässeschutz auf den langen Seereisen. Fässer ließen sich gut stapeln und zur Verladung einfach rollen. Sie waren nicht nur Verpackung, sondern auch Handelsprodukt.

Die großen Mengen Holz, die ständig von den Böttchern, Schiffbauern, Tischlern und Zimmerleuten benötigt wurden, waren aus dem unmittelbaren Umfeld der Hansestädte nicht mehr zu beschaffen. Ein sehr problematisches Beispiel für die intensive Nutzung der heimischen Ressourcen war Lüneburg. Das Salzsieden erforderte extrem viel Brennholz, und die Waldbestände im weiten Umkreis waren schließlich abgerodet. Eine komplette Verwüstung war die Folge. Die von vielen Menschen geliebte Landschaft, die heute als Lüneburger Heide unter Naturschutz steht, ist die Spätfolge ökologischen Raubbaus im großen Stil. Große Waldbestände waren aber in den weiten östlichen Einflussgebieten der Hanse vorhanden. Hauptausfuhrhafen war Danzig. Auf Binnenwasserwegen wurde das Holz über **Holz** weite Strecken herangeschafft. Es wurde in alle Teile Westeuropas verkauft. Größter Kunde wurde der Schiffbau in England und Flandern. Ab Ende des 15. Jahrhunderts bot Norwegen den Hanseaten als Holzlieferant jedoch heftige Konkurrenz.

Die preußischen Wälder lieferten aber nicht nur Holz, sondern auch Waldnebenprodukte wie Honig, Wachs, Harz, Pech, Teer und Pottasche. Pottasche war ein wichtiger Stoff für die Metallverarbeitung und die Glasherstellung. Pech, Teer und Harze fanden zum Beispiel als Dichtungs- und Konservierungsmittel im Schiffbau Verwendung. Wachs diente hauptsächlich zur Herstellung von Kerzen für den Bedarf der zahlreichen Kirchen und des gehobenen Bürgertums. Honig war Süßungsmittel und Aromaträger, beispielsweise für Lebkuchen.

Ein wichtiges Importgut für alle Küstenstädte war Hanf zur Herstellung von Tauen und Seilen. Das Takelwerk der zahllosen Schiffsneubauten und Reparaturen, das Festmachen der Schiffe, der Umschlag der Waren und die Ladungssicherung für den Seetransport sorgten für einen enormen Bedarf. Er wurde auch für die Herstellung von Segeln und für die Bekleidung von Seeleuten verwendet. Davon Seiler profitierte vor allem das Gewerbe der Reepschläger (Seiler), das an allen Küsten und auch im Binnenland verbreitet war. Die langen Fasern der bis zu fünf Meter hohen Pflanze waren besonders reißfest und gut zu verarbeiten. Die verstärkte Verbreitung der Hanfpflanze in Europa seit dem neunten Jahrhundert hat seinen Ursprung im »Hanfgesetz« Karls des Großen, der damit den Anbau anordnete.

Für die schnell wachsende Zahl der großen Gebäude in den Städten wurde nicht nur Holz benötigt, sondern auch Steine. Ziegel ließen Steine sich aufgrund der weit verbreiteten Lehm- und Tonablagerungen vielerorts brennen. Granit oder Sandstein aber gab es längst nicht überall. Wegen seiner Stabilität und Färbung war zum Beispiel der Sandstein aus dem Weserbergland sehr begehrt. An der Weser selbst zieht sich ein breiter Gürtel beeindruckender Bauten aus diesem Sandstein entlang. Der bevorzugte Baustil ist heute als Weser-Renaissance ein fester Begriff. Der Stein wurde mit Booten auf dem Fluss nicht nur zu den Baustellen entlang der Weser, sondern auch nach Bremen gefahren. Hanseatische Kaufleute haben den »Bremer Stein« exportiert. So entstanden in vielen Küstenstädten an Nord- und Ostsee Bauwerke aus diesem Material.

Tuchhandel Flandern und England waren Lieferanten besonders feiner Wolltuche, die in weiten Teilen Europas begehrt waren. Der zentrale Handelsplatz an der nordwesteuropäischen Küste war Brügge, wo die Hanse ein großes Kontor unterhielt. Ein Monopol im Tuchhandel hatten die hanseatischen Kaufleute zwar nicht, wohl aber eine starke Marktposition. Um den Bedarf der flandrischen Webereien an Rohwolle zu decken, waren zusätzliche Importe erforderlich – ein Zusatzgeschäft für die Hanseaten. In Norwegen war die Nachfrage nach Leinenstoffen besonders ausgeprägt. Die Lieferungen erfolgten über das Hansekontor in Bergen. Hinzu kamen Bier, Wein, Getreide, Mehl und Salz. Norwegen wiederum lieferte Trane und Fette aus der Walfängerei, Fische, Häute, Holz und Pelze sowie auch Walrosszähne, die den Hanseaten als Rückladung dienten.

Pelze Während der hanseatische Tuchhandel hauptsächlich in Richtung Osten erfolgte, kamen von dort Pelze und Felle nach Westen. Dabei spielte das Hansekontor in Nowgorod eine wichtige Rolle. Die unendlichen russischen Wälder und Ebenen waren ergiebige Lieferanten. Besonders gefragt waren die feinen Edelpelze von Hermelin, Zobel, Nerz, Iltis, Marder und Eichhörnchen als wärmendes Futtermaterial oder als dekorativer Außenbesatz für die noble Oberbekleidung der Patrizier. Aber auch Fuchs- und Luchspelze sowie Bärenfelle wurden gehandelt.

Nicht zu vergessen als Handelsware ist das Gold der Ostsee, wie der Bernstein auch genannt wird. Zu finden war er fast überall an der Bernstein Küste. Die größten Vorkommen aber wurden in der Gegend um Königsberg (Samland) entdeckt. Der Handel mit dem kostbaren archaischen Harz war nicht auf die Gelegenheitsfunde an den Stränden angewiesen, die sich zuweilen nach Stürmen häufen. Die großen Fundstätten lagen an Land und konnten im Tagebau bearbeitet werden. Kunstvoll geschliffen und zu Schmuck, Gebrauchgegenständen und sogar zu Kinderspielzeug verarbeitet, war Bernstein ein in ganz Europa geschätztes Material.

Große Bedeutung für den hanseatischen Handel hatten zudem Metalle Metalle und Edelmetalle sowie auch Edelsteine und Halbedelsteine. Edelsteine Metallverarbeitende Handwerksbetriebe gab es in fast allen Städten des Mittelalters. Zinn, für höchste Ansprüche auch Silber und Gold, wurden zu Trinkgefäßen, Tellern, Bestecken, Schalen, Schüsseln, Pokalen und anderen Dingen verarbeitet. Aus Silber und Kupfer, zuweilen auch Gold, wurden Münzen geprägt. Für die Fenster der zahllosen Sakral- und Profanbauten war Blei ein unerlässliches Material. Edelsteine und Halbedelsteine wurden als schmückende Elemente wertvoller Gebrauchsgegenstände und die Herstellung von Schmuck benötigt. Auch der Handel mit Kunstwerken wie Bildern und Statuen ist für die Hansezeit belegt. Der Bedarf der wachsenden Zahl wohlhabender Familien stieg überall in Europa.

Für eine geregelte Versorgung mit allen Handelsgütern war die Lagerhaltung Voraussetzung. Schiffe und Fuhrwerke waren wetterabhängig und konnten nicht immer regelmäßig verkehren. Vor allem brachte das winterliche Eis auf den Flüssen und auf der Ostsee den Schiffsverkehr alljährlich für mehrere Monate, zum Erliegen. Manche Waren gab es ohnehin nur periodisch, beispielsweise Getreide und andere Nahrungsmittel. Große Speicherhäuser in den Städten nah- Speicher men die Waren auf und sicherten somit die ganzjährige Versorgung. Mit guter Bevorratung konnte natürlich auch das die Preise regulierende Wechselspiel von Angebot und Nachfrage vorteilhaft genutzt werden.

Der Barkauf von Waren hatte in der Hansezeit große Bedeutung. Vor allem mit Edelmetall konnte man immer und überall bezahlen. Dabei war Silber, entweder als Reinmetall oder auch in Form von Münzen, vorherrschend. Eine weitere verbreitete Möglichkeit war das Tauschgeschäft Ware gegen Ware. Aber auch der bargeldlose Zahlungsverkehr war zur Hansezeit in Europa gut bekannt. Der Wechsel als Zahlungsmöglichkeit und Kreditmittel wurde jedoch von den hanseatischen Kaufleuten weniger geschätzt. Bevorzugt war der Inhaber-Schuldschein, der sowohl auf den Gläubiger als auch auf den Überbringer ausgestellt war. Ein Akzeptant – wie beim Wechsel – war nicht erforderlich, weil der Kaufmann seine Schulden beim nächsten

Zusammentreffen mit dem Gläubiger üblicherweise selbst bezahlte. Mit dem Inhaber-Schuldschein konnte Ware gekauft oder Geld geliehen werden. Zudem war er übertragbar und damit ein vielseitiges Zahlungs- und Finanzierungsmittel.

Der privilegierte Handel war die Grundlage des Erfolgs der hanseatischen Kaufleute. Diese Grundlage zu wahren, gelang nicht immer mit friedlichen Mitteln. Eine kriegerische Auseinandersetzung wurde jedoch nur gewagt, wenn alle anderen Mittel ausgeschöpft waren. Probleme versuchte man zunächst immer finanziell und mit Verhandlungen zu lösen. Offene Feldschlachten aber gab es nicht. Eine Möglichkeit für die Durchsetzung der Interessen waren Handelssperren. Sie bewährten sich als Druckmittel gegen Nowgorod, Flandern, Frankreich, Kastilien, England, Schottland, Norwegen und Kastilien. Dabei waren die Handelssperren nur selten vollständige Blockaden, obwohl es auch die gab. Absolute Blockaden schadeten vielfach auch den eigenen Interessen. Eine zweite Möglichkeit war, die Handelsplätze (Stapel) von einer Stadt in eine andere zu verlegen. Der neuen Stadt verhieß der Wechsel wirtschaftlichen Aufschwung und man war entsprechend willkommen, während die verlassene Stadt ökonomische Einbußen hinnehmen musste. Der Nachteil war jedoch, dass der eigene Einfluss in der verlassenen Stadt schwand und die dort tätigen Konkurrenten stärkte. Außerdem war es immer schwierig, alle Hansestädte zu einer gemeinsamen Sperre zu bewegen.

Kriege der Hanse mit breiter Beteiligung durch viele Städte gab es nur gegen Dänemark und England. Die meisten militärischen Auseinandersetzungen, zumeist gegen Dänemark, hatten eher regionalen Charakter und wurden von der Gruppe der wendischen Hansestädte mit Unterstützung anderer Städte oder Städtegruppen geführt. Bei allen Kriegen waren Angriffe auf feindliche Schiffe und die Kaperung der Ladung das wichtigste Mittel. Kriegerische Einsätze an Land waren Ausnahmen.

Die Kogge
Symbol des hanseatischen Handels

Die »Hansekogge« steht geradezu symbolisch für die gesamte Epoche. Der Schiffstyp war in verschiedenen Bauformen und Var anten im Spätmittelalter an allen europäischen Küsten vorherrschend. Deutsche, Holländer, Franzosen, Engländer, Spanier, Portugiesen, Norweger, Dänen und andere fuhren mit solchen Schiffen. Ob die Kogge tatsächlich eine deutsche Entwicklung ist, steht nicht mit Sicherheit fest. Möglicherweise waren holländische Schiffbauer Vorreiter der Entwicklung. Unter den deutschen Städten waren jedenfalls Danzig und Lübeck zunächst die führenden Städte im Bau von Koggen. Später entstanden sie überall an den Küsten. Wahrscheinlich ist es auf die lange Vormachtstellung der hanseatischen Kaufleute auf den Handelswegen in Ost- und Nordsee zurückzuführen, dass dieser Schiffstyp schließlich mit dem Begriff Hansekogge belegt wurde. Der Name Kogge ist abgeleitet von Coque, dem altfranzösischen Begriff für Schiff.

In Laufe der Jahrhunderte hat die Kogge etliche Veränderungen erfahren, die jedoch bei oberflächlicher Betrachtung das Erscheinungsbild nicht wesentlich veränderten. Größe und Tragfähigkeit wurden erheblich gesteigert. Die zunächst einmastige Besegelung wurde um weitere Segel an Bug und Heck ergänzt. Die Klinkerbeplankung mit ihren sich überlappenden Planken wich später der Kraweelbauweise, bei der die Planken direkt aufeinander gesetzt wurden. Bessere Bearbeitungstechniken erlaubten den Bau bauchigerer Rümpfe, um das Ladungsvolumen zu erhöhen.

Wesentliche Konstruktionsmerkmale wie Klinkerbeplankung und die Art der Besegelung ähnelten denen der Wikingerboote. Die frühen Darstellungen von hanseatischen Schiffen auf alten Siegeln und Bildern zeigen dies deutlich. Die eigentliche Kogge aber war eine Innovation. Sie war wesentlich bauchiger und hochbordiger als die schlanken Boote der Nordmänner. Damit stieg die Transportkapazität erheblich. Neu waren auch der Kastelaufbau und die Aufhängung des Ruders am Achterschiff, während die Langboote der Wi-

Die Hansekogge

kinger über die rechte Seite des Schiffes gesteuert wurden. In dieser Technik hat der Begriff Steuerbord für die rechte Schiffsseite seinen Ursprung.

Abbildungen der Kogge und ihrer Verwandten finden sich auf Münzen und Siegeln, Wandteppichen und Trinkgefäßen, später auch auf Wandbildern, in Büchern und auf Briefmarken. So blieb zumindest eine Vorstellung von diesem Schiffstyp erhalten. Den Historikern aber galt die Kogge lange als Rätsel. Die schriftlichen Überlieferungen geben zwar Auskunft über die damals üblichen Bautechniken, enthalten jedoch keinerlei Angaben über Abmessungen, Tragfähigkeiten, Besegelung und Seeverhalten dieser Schiffe. Als wahre Sensation wurde daher der Fund der Kogge im Jahr 1962 gefeiert. Beim Hafenerweiterungsbau in Bremen fand man die Relikte im Schlick der Weser. Sie wurde auf das Jahr 1380 datiert. Der Schlick hatte für eine relativ gute Konservierung gesorgt. Deshalb konnten die Puzzleteile so zusammengesetzt werden, dass die fehlenden Teile zu rekonstruieren waren.

Was jedoch leider immer noch fehlt, sind genauere Erkenntnisse über Takelung und Segel sowie über deren Bedienung. Deshalb lassen sich auch die erforderlichen Besatzungsstärken nicht sicher ermitteln. Schätzungen reichen von etwa 10 Mann bis hin zu 20 Mann. Sie basieren aber auf theoretischen Annahmen oder den Erfahrungswerten mit den Nachbauten. Dabei ist die Kraft von neun bis zehn Mann erforderlich, um die große Rah mit dem schweren Großsegel am Mast in die Höhe zu ziehen. Spätere Frachtsegler vergleichbarer Größen zwischen 20 und 30 Metern Gesamtlänge – wie etwa der seegängige Ewer – wurden bis in das 20. Jahrhundert hinein mit erheblich kleineren Besatzungen von drei bis vier Mann gefahren. Die Vorstellung, auf frachtführenden Koggen dieser Größe bis zu 20 Mann unterzubringen und auf mehrwöchigen Seereisen zu verpflegen, scheint eher unrealistisch.

Die Spezialisten des Deutschen Schifffahrtsmuseums (DSM) in Bremerhaven nahmen sich des kostbaren Bremer Fundes an. Die uralten Holzrelikte wurden zusammengesetzt, ergänzt und in einem jahrelangen Tauchverfahren konserviert, so dass die Bremer Kogge nun seit einigen Jahren auch von den Museumsbesuchern bewundert werden kann. Schon bald nach dem spektakulären Fund kam die **Nachbauten** Idee eines möglichst originalgetreuen Nachbaus auf, der auch wieder die Nord- und Ostsee befahren sollte. So entstand zunächst die »Ubena von Bremen«, ein weiterer Nachbau in Kiel (Kieler Kogge) und auch die »Roland von Bremen«, die ihren Liegeplatz an der »Schlachte« im Zentrum von Bremen hat.

Das DSM hatte aus den Funden die meisten Maße zuverlässig ermitteln können. Dabei ergab sich eine Gesamtlänge von 23,23 Me-

Im Weserschlick gefunden: die aus dem Flußbett geborgene Hansekogge wurde im Deutschen Schiffahrtsmuseum Bremerhaven über Jahrzehnte untersucht, konserviert und zusammengesetzt.

tern bei einer Breite von 7,62 Metern. Aus der Seitenhöhe von 3,14 Metern bis zum Deck und der Form des Rumpfes ließ sich ein Laderaumvolumen von 160 Kubikmetern errechnen, so dass der Tiefgang im beladenen Zustand bei 2,25 Metern und bei einer Belastung mit 200 Tonnen sogar bei 2,80 Metern gelegen haben könnte. Das Eigengewicht der Kogge wird mit etwa 120 Tonnen angegeben und die mögliche Geschwindigkeit mit vier bis fünf Knoten (ca. 9 km/h). Bei optimalen Windverhältnissen waren wahrscheinlich bis zu 15 km/h erreichbar.

Die Rahbesegelung gestattete das Kreuzen, das Segeln gegen die Windrichtung. Der Winkel, in dem man am Wind fahren konnte, war jedoch sehr begrenzt. Einfacher war es, auf günstigen Wind zu warten. Die Reisezeiten ließen sich nicht planen. Man konnte mit einer Kogge in etwa vier bis fünf Tagen von Lübeck nach Danzig gelangen. Eine Reise von Reval nach Brügge war in rund 10 Wochen zu schaffen. Widrige Winde oder schlechtes Wetter konnten die Fahrtdauer aber erheblich verlängern.

Bei der Masthöhe und der Besegelung der Nachbauten war Fantasie gefragt, denn darüber hatte der Fund keine Auskunft mehr geben können. Die gewählte Länge des Mastes von 22,9 Metern ist bei den Abmessungen des Originals wohl realistisch. Die Segelfläche

Die nach dem historischen Vorbild detailgetreu rekonstruierte Kogge »Roland von Bremen« an der Schlachte in Bremen.

wurde – abhängig von der Breite der Rah auf 150 bis 200 Quadratmeter geschätzt. Da in früheren Jahrhunderten Sicherheitsaspekten weit weniger Beachtung geschenkt wurde, dürfte die Segelfläche vielleicht eher dem größeren Wert entsprochen haben.

Bemerkenswert fanden die Wissenschaftler die stark bauchige Rumpfform der Koggen, denn sie verlangte ein technisches Können, das man den Schiffbauern des Mittelalters kaum zugetraut hätte. Die schweren Eichenplanken mussten in mehreren Stunden über heißem Dampf so geschmeidig werden, dass sie sich entsprechend biegen und verdrehen ließen. Das anschließende Aufbringen auf die Spanten verlangte Eile, denn die Biegsamkeit ließ schon nach wenigen Minuten wieder nach. Gehalten wurden die Planken durch starke Eisennägel, die anschließend mit Teer versiegelt wurden, um die Haltbarkeit zu erhöhen. Ermittelt wurde, dass je nach Größe weit über 10.000 Nägel für eine Kogge nötig waren.

Teils wird behauptet, dass die Lebensdauer solcher Schiffe bei unter zehn Jahren gelegen haben soll. Mit der bei Seeschiffen üblichen Pflege und Wartung dürften die Koggen aber wesentlich länger gehalten haben. Ein Schiff repräsentiert immer einen hohen Wert. Zur Amortisierung der Kosten war sicherlich eine lange Haltbarkeit erforderlich. Für die »Peter von Danzig« (siehe unten) jedenfalls ist ein Lebensalter von mindestens 17 Jahren belegt.

Peter von Danzig

Wrack Ein zweites Koggenwrack wurde 1999 vor der Ostseeinsel Poel (bei Wismar) entdeckt und die Fundstücke konnten bald darauf geborgen werden. Sie ist zu etwa 60 Prozent erhalten und mit einer Gesamtlänge von 29 Metern bei 8,5 Metern Breite vermessen. Damit lag die Tragfähigkeit bei etwa 200 Tonnen. Das geborgene Baumaterial erwies sich als Kiefernholz, dass um 1354 bei Thorn an der Weichsel gefällt worden war. Spanten und Planken unterscheiden sich von der Bremer Kogge, so dass dieser Fund ebenfalls als Sensation bezeichnet werden kann. Die Unterschiede der beiden Funde – wie beispielsweise der im Gegensatz zur Bremer Kogge leicht geschwungene Vordersteven – bestätigten die Vermutung, dass es möglicherweise grundsätzliche Unterschiede zwischen den für die Nordsee oder für die Ostsee gebauten Koggen gab, also eine »baltische Kogge« als eigenständiges Konstruktionsprinzip. Diese Form war bisher nur von alten Siegeln bekannt. Die Konservierung des Fundes erfolgt in Schwerin und soll im Jahr 2017 abgeschlossen

Poeler Kogge sein. Der Nachbau der »Poeler Kogge« im alten Stadthafen von Wismar erforderte 110 Tonnen Holz und 16.000 handgeschmiedete Nägel. Der erste Kontakt mit dem Wasser erfolgte mit der Taufe auf den Namen »Wissemara« am Pfingstwochenende 2004.

Die Koggen waren in erster Linie vielseitige, hochseetüchtige Handelsschiffe, die aufgrund ihrer geringen Tiefgänge auch problemlos bis weit in die Flüsse fahren konnten. Personentransporte sind aber wohl auch vorgekommen, zumal in den Küstenregionen Reisen auf dem Wasser immer noch komfortabler gewesen sind als per Fuhrwerk. Dennoch waren die Schiffe – gemessen an heutigen Gewohnheiten – absolut unbequem. Den einzigen Schutz vor Wind und Wetter bot der zum Vorschiff hin offene Raum unter dem Kastell, der jedoch in erster Linie Arbeitsraum war. Sanitäre Anlagen gab es bei den Koggen nicht. Kleine Kabinen unter dem Kastell für den Eigner oder für besondere Gäste wurden erst mit zunehmender Größe der Schiffe möglich.

Kriegsschiffe Immer wieder wurden Koggen auch als Kriegschiffe ausgerüstet – im Kampf gegen Dänen, Franzosen, Engländer und gegen die Seeräuberei. Genannt wurden sie allerdings »Vredenschepe« (Friedensschiffe) oder auch »Utligger«, weil sie versteckt in Flussmündungen ihre Gegner erwarten und überraschen konnten, was auf offener See nicht möglich ist. Auch als »Vredenschep« war die Kogge gut geeignet. Mehrere Kanonen auf jeder Seite sorgten im Verhältnis zur Größe für eine starke Feuerkraft. Armbrust- und Bogenschützen, Wurfmaschinen und schwere Gewehre konnten ebenfalls zur Ausstattung gehören. Bei solchen Einsätzen mussten die Besatzungen der Koggen natürlich erheblich verstärkt werden. Die Bedienung der Waffen, die Verteidigung der eigenen Schiffe und der Angriff auf gegnerische Einheiten verlangten über die seemännische Besatzung hinaus etwa 30 bis 40 zusätzliche Kräfte.

Eine ständige Kriegsflotte unterhielt die Hanse nicht. Die Kogge war das Standardschiff und praktisch für alle Zwecke tauglich. Im Bedarfsfall rüsteten die einzelnen Hansestädte Schiffskontingente aus und unterstellten sie einer gemeinsamen Führung. Die Stärke eines dem Gegner zahlenmäßig möglichst überlegenen Konvois bot grundsätzlich die besten Erfolgsaussichten. Das war hanseatische Taktik. Ein klassisches Seegefecht zur Hansezeit begann mit dem Versuch, sich in eine Luv-Position zu bringen, um dem Gegner möglichst den Wind zu nehmen, selbst aber manövrierfähig zu bleiben. Um die Waffen wirkungsvoll einsetzen zu können, musste man den Gegner quer zum eigenen Schiff haben. Nur so konnte mit den schweren Waffen eine volle »Breitseite« gefeuert werden. War das gegnerische Schiff beschädigt oder »außer Gefecht gesetzt«, ging man längsseits und versuchte zu entern, also das Schiff im Nahkampf einzunehmen.

Es gab regelrecht berühmte Koggen. Einen nachhaltigen Eindruck hinterließ die »Bunte Kuh«. Sie war das größte Schiff der Flotte, **Bunte Kuh** die den Vitalienbrüdern um Klaus Störtebeker und Gödeke Michels bei Helgoland die vernichtende Niederlage bescherte. Die »Bunte Kuh« beförderte die beiden – allerdings nicht auf derselben Strafexpedition – nach Hamburg, wo sie und ihre Mannen enthauptet wurden. Im Hamburger Rathaus erinnert ein Modell des Schiffes »Bunte Kuh« an den großen Erfolg gegen die Seeräuber, die der Hanse so heftig zugesetzt hatten. In Lübeck wurde sogar ein Stadtteil nach dem erfolgreichen Schiff benannt.

Kaum bekannt aber ebenso bedeutend wie die Kogge war der spätere Holk, wahrscheinlich eine Weiterentwicklung der Kogge. **Holk** Der Holk war größer, breiter und mit einem flachen Schiffsboden versehen, um die Tragfähigkeit zu steigern ohne gleichzeitig den Tiefgang wesentlich zu erhöhen. Dieser Schiffstyp war mit zwei übereinander liegenden Decks für die Ladung ausgestattet. Äußerlich unterschied sich der Holk deutlich von der Kogge durch das zusätzliche Vorderkastell und die mögliche dreimastige Rah-Besegelung, wobei die Masten auf Vorder- und Achterkastell deutlich kürzer waren als der Großmast. Das zweite Kastell sorgte für mehr Raum auf dem Schiff und war auch für eine Umrüstung zum Kriegsschiff geeignet. Die Vorteile des Holks setzten sich allmählich durch. Er verdrängte die Kogge im 16. Jahrhundert weitgehend und blieb bis zum Ende der Hanse der vorherrschende Schiffstyp.

Eher die Ausnahme in der hanseatischen Schifffahrt blieb der Schiffstyp der Kraweel (Karavelle), dessen Ursprung an der Atlan- **Kraweel** tikküste vermutet wird. Aufsehen erregte die in der Bretagne gebaute »St. Peter de Rochelle«, als sie im Jahr 1462 als erstes Schiff dieses

Typs mit einer Ladung Salz von der französischen Küste in Danzig einlief. Im Vergleich zu Kogge und Holk waren die Abmessungen sicherlich gigantisch. Die Decksänge betrug 43 Meter und die Breite 12 Meter. Die Tragfähigkeit lag bei 800 Tonnen. Für den Vortrieb sorgten drei Masten mit rund 760 Quadratmetern Segelfläche. Der Eindruck, den das Schiff hinterließ, sorgte dafür, dass es an der Ostsee mit dem Begriff »Dat grote Kraweel« belegt wurde. Da der Eigentümer, Peter de Nautis, nicht das Geld für dringend erforderliche Reparaturen hatte, bat er in Danzig um Kredit. Weil er die Schuld bis zu seinem Tod nicht beglichen hatte, beschlagnahmte die Stadt das stolze Schiff.

Mit dem Danziger Ratsherrn Berndt Pawest fuhr es als Kriegsschiff gerüstet 1471 unter dem neuen Namen »Peter von Danzig« im Westen gegen Engländer und Franzosen, die den Handel der Hanse beeinträchtigten. Es war mit 17 Kanonen und 15 starken, fest installierten Armbrüsten ausgestattet. Hinzu kam eine Wallbüchse, ein schweres Gewehr mit sehr hoher Durchschlagskraft, das auf einer Lafette auf dem Kastell postiert wurde. Ein Jahr später verkaufte die Stadt das Schiff an drei Danziger Kaufleute, die es wiederum gegen die Engländer zum Einsatz brachten. »Dat grote Kraweel« ging im Jahr 1478 durch Schiffbruch verloren. Es muss also zumindest etwa 17 Jahre alt gewesen sein.

Columbus Weltruhm erlangten die beiden deutlich kleineren Karavellen »Nina« und »Pinta«, die Christoph Columbus auf seiner ersten Reise über den Atlantik (1492) begleiteten. Sein Flaggschiff, die größere »Santa Maria«, war dagegen eine Karacke, ein Handelsschiffstyp, der seit Beginn des 15. Jahrhunderts im Mittelmeer üblich war.

Das hanseatische Bewusstsein scheint gegenwärtig eine Art Renaissance zu erleben. Wie sonst ist es zu erklären, dass inzwischen wieder sechs Traditionsschiffe gebaut wurden, fünf davon allein in Deutschland. Dazu gehört auch die stolze »Lisa von Lübeck« – eine stattliche Kraweel. Sie wurde im Frühjahr 2004 nach vierjähriger Bauzeit zu Wasser gelassen. Die »Lisa von Lübeck« ist im Gegensatz zu den Bremer Koggen, zur Kieler und Poeler Kogge kein Nachbau, der auf einem Originalfund basiert. Mit fast 35 Metern Länge, dreimastiger Beseglung und einer Tragfähigkeit von 800 Tonnen ist die konstruktive Anlehnung an die »Peter von Danzig« erkennbar.

Im Mittelalter und auch in den folgenden Jahrhunderten waren alle Seereisen mit hohen Risiken behaftet. Der Kompass war noch nicht verbreitet. Leuchtfeuer und andere Seezeichen waren die Ausnahme. Genaue und zuverlässige Seekarten gab es ebenfalls nicht. Markante Landmarken waren in Küstengewässern das wichtigste Orientierungsmittel. Die Kenntnis von Sonnen-, Mond- und Sternenständen ermöglichte zwar die Festlegung des zu steuernden Kurses, bot aber nur eine ungefähre Standortbestimmung. Bei schlechten Sichtverhältnissen entfiel diese Möglichkeit ganz. Auf hoher See war das Risiko der ungenauen Navigation überschaubar, in Küstennähe jedoch extrem hoch – insbesondere bei auflandigen Winden.

Die einzige zuverlässige nautische Hilfe war das Lot, um die Wassertiefe festzustellen. Bei den vielfach geringen Wassertiefen in Nord- und Ostsee war es an vielen Stellen nutzbar, zumal die gängigen Schiffsrouten im Laufe der Zeit immer genauer ausgelotet waren und die entsprechenden Kenntnisse von den Kapitänen weitergegeben wurden. Erfahrung, nautisches Geschick und Gespür der Kapitäne sowie die Qualität der Mannschaft waren daher allein ausschlaggebend für die Sicherheit von Schiff, Mannschaft und Ladung. Zuvor nur mündlich weitergegebene Erfahrungen wurden ab dem späten 15. Jahrhundert systematisch schriftlich festgehalten. Ferner erließ die Hanse verschiedene Vorschriften, um die Sicherheit zu erhöhen – zum Beispiel die allgemeine Winterpause der Schifffahrt oder Regeln für das Fahren in Konvois.

Neben Kogge und Holk gab es weitere Schiffstypen für den Seeverkehr, auf den Binnengewässern und für Transporte innerhalb der Häfen, wie schriftliche Quellen belegen. Eken, Ewer und Kraier waren seegängige Schiffe, deren Kapazität mit bis zu 50 Last (100 Tonnen) deutlich unterhalb der Kogge lagen. Die Tragfähigkeit der noch kleineren Schniggen und Schuten betrug zwischen 10 und 25 Last. Weitere Bootstypen der Hansezeit waren Prahme, Balinger und Bussen.

Kaufleute, Häuser
und Hafenstädte ohne Häfen

Der hanseatische Handel wurde von den Kaufleuten beherrscht. Der eigene Wohlstand und die eigene Stadt standen im Zentrum des Denkens. Mit dem Wohlstand wuchs der Einfluss auf die Geschicke der Heimatstadt. So fanden sich auch zumeist mehrheitlich Kaufleute in den Räten der Städte, während das Handwerk über lange Zeit keinen Einfluss auf die Politik nehmen konnte.

Manche Städte lagen weit zurück von der Küste im Schutz der Flüsse. So trennen Bremen rund 70 Weserkilometer und Hamburg sogar etwa 100 Elbkilometer von der offenen Nordsee. Auch Lübeck, Rostock oder Königsberg liegen nicht unmittelbar an der Küste. Für die Schiffe des Mittelalters waren die damals ziemlich geringen Wassertiefen der natürlichen Flussläufe noch kein Problem. Die meisten Ostseestädte wurden im Schutz vorgelagerter Inseln oder Nehrungen angelegt. Hafenanlagen nach heutigem Verständnis gab es nicht. Das erste künstliche Hafenbecken überhaupt entstand 1622 in Bremen-Vegesack. Andere Hafenbauten kamen noch wesentlich später, und größere Anlagen entstanden erst im späten 19. Jahrhundert.

Die Hanse musste also weitgehend ohne Häfen auskommen. Kais gab es nur sehr vereinzelt, zum Beispiel in Antwerpen und in Hamburg. Sie boten auch nur wenigen Schiffen Platz. Mancherorts gab es hölzerne Stege mit eingeschränkter Nutzung, die jedoch für größere Schiffe selten tauglich waren. Mit Muskelkraft betriebene große Kräne, gab es ebenfalls nicht überall und wenn, dann zumeist nur ein Exemplar. Die gängige Praxis war, kleinere Schiffe einfach am flachen Ufer aufsetzen zu lassen. Größere Schiffe mit mehr Tiefgang ankerten vor der Uferlinie. Später wurden auch stabile Pfähle (Dalben) gerammt, an denen die Schiffe im tiefen Wasser festmachen konnten. Lag das Schiff am Ufer, dann konnte das Be- und Entladen über dicke Bohlen erfolgen, die von Bord ans Ufer gelegt wurden. Lag das Schiff an Dalben, dann war das Umladen auf kleinere Boote erforderlich. Hilfsmittel an Bord waren einfache Flaschenzüge. Zudem waren die Wege vom Ufer bis zu den Lagern und Speichern zu bewältigen. In jedem Fall war es das Problem des Kaufmanns, wie er seine Waren an und von Bord der Schiffe schaffte. Dazu wurden Arbeitskräfte angeheuert. Mit dem zunehmenden Handel spezialisierten sich die Arbeitskräfte im Laufe der Zeit auf solche Aufgaben und wurden schließlich zu vergleichsweise gut bezahlten Fachkräften.

Der frühe Kaufmann begleitete seine Waren noch selbst auf seinem Schiff oder Fuhrwerk. Hatte er mehrere Schiffe oder Fuhrwerke, ließ er die Fahrten von bezahlten Kräften ausführen. Die Zentrale des Kaufmanns war sein Kontor in der Heimatstadt, wenn er nicht auf Reisen war, um neue Geschäfte einzufädeln. Die Kontore waren häufig in die Wohnhäuser integriert, die fast immer mit dem Giebel zur Straße standen. Als Lager dienten die oberen Stockwerke der Kaufmannshäuser oder angehängte Höfe, in denen auch eine Bearbeitung von Waren möglich war. Die Kaufmannshäuser lagen verstreut über ein oder mehrere Stadtteile. In der frühen Zeit gab es noch keine zentralen Lager. Die großen Speicherbauten am Wasser, die noch heute in manchen Hansestädten zu finden sind, entstanden erst wesentlich später.

Ein verbreitetes Modell des frühen Kaufmannshauses war das giebelständige Gebäude mit einer zentralen Längsdiele, die in der Frühzeit auch als Durchfahrt für die Waren zu den Hinterhöfen genutzt werden konnte. Bei diesem Typus war die Verwandtschaft mit dem niederdeutschen Hallenhaus (Bauernhaus) noch erkennbar, mit dem Unterschied, dass zu beiden Seiten der Diele keine Tiere untergebracht waren, sondern Waren- und Arbeitsräume. Kontore waren in der Frühzeit nicht üblich. Die Fähigkeit des Lesens und Schreibens war noch wenig verbreitet. Für die Besiegelung von Geschäften reichten das Wort und der Handschlag. Gekocht wurde auf offenen Feuern. Sanitäre Anlagen gab es nicht. *Kaufmannshaus*

Die heute noch vorhandenen hochmittelalterlichen Kaufmannshäuser haben zwar eine ähnliche Grundstruktur, vorherrschend zeigen diese Bauten aber Wohn- und Geschäftshauscharakter. Auf der rechten Seite des Haupthauses lag im Erdgeschoss das Kontor, manchmal auch aus mehreren Räumen bestehend. Die linke Haushälfte und die darüber liegenden Etagen dienten der Familie als Wirtschafts- und Wohnräume. In den Dachgeschossen ließen sich Waren stapeln, wie Aufzugsvorrichtungen noch heute an manchen Häusern zeigen. Bei wohlhabenden Familien mit großen Häusern und separaten Speicherräumen wohnte das Hausgesinde im Dachgeschoss. *Kontor*

In dem ursprünglichen Haustyp waren Leben, Arbeiten und Stapeln unter einem Dach üblich. Mit steigendem Wohlstand wurden die Bereiche jedoch getrennt. Aus den Durchfahrten zu den Höfen wur-

den erhöhte Dielen mit umlaufenden Galerien und Zwischenge-
schossen. Das große Einfahrtstor wurde durch repräsentative Neu-
gestaltungen ersetzt, zumeist mit Treppenaufgängen versehen. Fassaden erhielten zunehmend Schmuckelemente, um den Wohlstand
auch nach außen hin sichtbar zu machen. Die Zweckbauten in den
Hinterhöfen wurden vielfach zu neuem Wohnraum umfunktioniert
und aus alten Höfen entstanden zuweilen Gärten.

Marktplatz Der Marktplatz war das Zentrum des städtischen Lebens. Als wichtigste Bauten gruppierten sich Rathaus und Hauptkirche sowie oft
auch andere Gebäude wie Gericht, Zollhaus oder Waage um den
Platz. Dieses Prinzip wird vor allem in den planmäßigen Stadtgründungen an der Ostsee deutlich. Dazu kamen im Umfeld des Marktplatzes die Wohn- und Geschäftshäuser der Kaufleute und anderer
wohlhabender Bürger. Als Faustregel galt, je näher am Marktplatz,
desto höher die soziale Stellung in der Stadt. Ebenfalls auf dem
Marktplatz gelegen war der Brunnen als zentrale Wasserversor-
gungsstelle. Die oft verwinkelten Straßen und Gassen hatten zwar
Namen, Hausnummern aber gab es nicht. Besondere Gebäude wurden mit eigenen Namen versehen. Dieser Brauch hat teilweise die
Zeit überdauert. Nicht zuletzt zeugen noch viele Gasthausbezeich-
nungen davon.

Den aufstrebenden Städten mit ihren wohlhabenden Bürgern gelang es zunehmend, auch das im Mittelalter von der Kirche beherrschte
und religiös orientierte Bildungswesen zu beeinflussen, neue Ausbil-
dungsinhalte durchzusetzen und schließlich auch eigene Schulen und
Universitäten zu gründen. Vor allem die Kaufleute legten verständli-
cherweise großen Wert darauf, dass zumindest ihr männlicher Nachwuchs die nötigen Grundkenntnisse für den Kaufmannsberuf erlernte.
Die nachfolgende praktische und oft recht harte Ausbildung der Söhne
erfolgte bevorzugt im Ausland, insbesondere in den Kontoren der
Hanse. Eine solide Ausbildung und mehrere Jahre Auslandserfahrung
galt den Hanseaten immer als unabdingbare Voraussetzung für die
Übernahme verantwortlicher kaufmännischer Aufgaben.

Der hanseatische Kaufmann war vielseitig. Sicherlich hatte jeder
seine Schwerpunkte, grundsätzlich aber galt die gute Geschäftsaus-
sicht als oberste Maxime des Handels. So waren zwar die England-
fahrer, die Bergen-, Nowgorod- und Wisbyfahrer und andere in Kom-
panien organisiert, die Reisen lagen damit aber nicht exklusiv in den
Händen bestimmter Familien oder einzelner Hansestädte. Das
Wechselspiel von Angebot und Nachfrage bestimmte die Orientierung. Der hanseatische Handel umfasste eine breite Palette von Roh-
stoffen und Endprodukten. Hauptsache war, die Waren ließen sich
gut weiterverkaufen oder gewinnbringend gegen andere Güter eintauschen.

Kaufmannshaus in Stralsund.

Nach Eintreffen der Schiffe in der Heimatstadt wurden die unterschiedlichen Güter zunächst eingelagert. So war jede Hansestadt praktisch ein großes Warenkabinett, in dem sich die Waren der Anrainerstaaten von Nord- und Ostsee und weit darüber hinaus fanden. In den Städten gab es alles, was im ländlichen Raum oft noch völlig unbekannt war. Wein aus Frankreich, Seide und teure Gewürze aus Asien, Teppiche aus dem Orient, aufwändige Glasgefäße aus der Lombardei, später auch Baumwolle, Tabak, Kaffee und Kakao. Die Stapelung der Waren in den heimischen Speichern war aber nur eine Möglichkeit. Güter, die ein schnelles Geschäft versprachen, wurden oft auch direkt in andere Städte gebracht, ohne zuvor den Heimathafen anzulaufen.

Seeräuber
Schrecken der Hanse

Zwei alte Schädel gehören zum Fundus des Museums für Hamburgische Geschichte. Einer davon könnte Klaus Störtebeker gehört haben, dem wohl berühmtesten Seeräuber Europas. Gefunden wurden sie 1878 auf dem Grasbrook, dem früheren Hinrichtungsplatz der Hansestadt. Dort wurden zwischen 1390 und 1600 mehr als 400 Seeräuber enthauptet, die Köpfe auf Holzpfähle genagelt und zur Abschreckung am Elbeufer öffentlich ausgestellt. Außerdem sollten sie für die ein- und auslaufenden Schiffe beruhigend wirken, denn tote Seeräuber konnten ja keinen Schaden mehr anrichten.

Störtebeker Der Legende nach war Klaus Störtebeker ein Held. Selbst im Todeskampf soll er sich noch für seine Gefolgsleute eingesetzt haben. Als Hauptmann der berüchtigten Vitalienbrüder hatte er sich erbeten, auch als erster geköpft zu werden. Nach dem Vollzug wollte er an seiner Mannschaft vorbeilaufen und alle, die er kopflos passieren konnte, sollten von der Axt des Scharfrichters verschont bleiben. Elf oder auch mehr seiner Leute soll er auf diese Weise das Weiterleben ermöglicht haben. Wahrscheinlich wäre er noch weiter gekommen, wenn ihm der Henker nicht den Richtblock vor die Füße geworfen und ihn zu Fall gebracht hätte. Das geschah im Jahre 1401, so heißt es.

Fest steht, der fragliche Schädel gehörte einem Mann von etwa 40 Jahren, der um das Jahr 1400 herum ums Leben kam. Ein großes Loch in der Schädelplatte gilt als Beleg, dass es sich tatsächlich um einen Seeräuber gehandelt hat. Der Schädel weist zudem Spuren auf, mit denen die derbe Nagelung sorgsam vorbereitet worden ist, um den großen Siegesbeweis der Hanseaten nicht zu spalten. Das lässt auf die Bedeutung dieser Persönlichkeit schließen. Letzte Gewissheit könnte eine DNA-Analyse liefern. Doch dazu braucht man Vergleichsmaterial. In Stralsund und Wismar leben mehrere Familien mit dem Namen Störtebeker oder Störtebecker, die das Material liefern und 600 Jahre nach dem gewaltsamen Tod ihres eventuellen legendären Vorfahren vielleicht noch zu spätem Ruhm gelangen könnten.

Der »Robin Hood der Meere« hat viele Spuren hinterlassen, allerdings recht wenige, die uns der Wahrheit näher bringen könnten. Außerhalb der Hansestädte genoss er offensichtlich große Anerkennung, mancherorts und insbesondere an der Nordwestküste geradezu Verehrung. Mehrere Städte haben ihm Denkmäler gesetzt. Auch am Hamburger Hafen steht eine Bronzestatue, dort allerdings wohl eher als Zeichen des hanseatischen Triumphes über die Seeräuber. Dennoch war die Aufstellung der Statue bei den Hamburgern heftig umstritten. Am Sockel findet sich die Inschrift »Gottes Freund und aller Welt Feind«.

Die »Likedeelers« sollen die geraubten Güter unter sich gerecht aufgeteilt haben. Orte, die ihnen Unterschlupf vor den hanseatischen Verfolgern gewährten, wurden belohnt. Ein Beispiel ist die Stadt Verden an der Aller. Dort hat Störtebeker dem Dom sieben neue Fenster spendiert und außerdem der Stadtkasse noch soviel Geld hinterlassen, dass einmal im Jahr alle armen Bürger der Stadt gratis mit Brot und Hering gespeist werden können. Dieser Brauch wird noch heue regelmäßig zelebriert. Das größte Störtebeker-Denkmal steht in Marienhafe, wo sich ein Teil der Piraten unter dem Schutz des Friesenhäuptlings Witzel tom Brook ansiedelte. Marienhafe hat Störtebeker sogar ein eigenes Museum eingerichtet.

Was ist dran am Nimbus des Klaus Störtebeker, der angeblich einen Becher mit vier Litern Wein in einem Zug herunterspülen konnte? Jedenfalls soll ihm diese Fähigkeit seinen Namen eingetragen haben. Es muss etwas dran sein an solch einem Nimbus, denn ohne Grund kann niemand diesen Ruf erwerben und über Jahrhunderte erhalten. Ein realistisches Bild ist allerdings nicht überliefert. Die bekannte Darstellung mit den markant-verwegenen Gesichtszügen jedenfalls ist ein Portrait von Cunz van der Rosen, dem Hofnarren des Kaisers Maximilian I. Es entstand rund 100 Jahre nach Störtebekers Tod.

Die erste historische Quelle, mit der Störtebeker ins Licht der Geschichte tritt, ist ein Eintrag über eine Schlägerei in einem Gerichtsprotokoll der Stadt Wismar aus dem Jahr 1380. Dabei hatte »Nicolae Störtebeker« Verletzungen erlitten. Seine Peiniger wurden der Stadt verwiesen. Woher kam Störtebeker? Auch darüber gibt es keine gesicherte Erkenntnis. Er könnte der Sohn eines Fischers aus Wismar gewesen sein. Dafür spricht auch der dort verbreitete Familienname. Laut Gerichtsprotokoll wurden die Raufbolde aus der Stadt geworfen, nicht aber Störtebeker, der doch zumindest der Legende nach ein weithin bekannter Sauf- und Raufbold war. Das könnte ein Hinweis darauf sein, dass er Bürger der Stadt war, die anderen Schläger dagegen nicht. Er könnte aber auch ein Spross einer niedrigen Adelsfamilie Namens »von Alkun« aus der Nähe von Barth gewesen sein. Dann müsste er den Nachnamen Störtebeker allerdings erst später angenommen haben. Das Familienwappen deren von Alkun schmückte ein Trinkgefäß. Belegt ist auch, dass ein Niklas von Alkun sich den Seeräubern anschloss, wie überhaupt viele Seeräuber aus verarmten Adelshäusern stammten.

Das Aufkommen der Seeräuberei in der Ostsee ist nicht mit Störtebeker in Verbindung zu bringen. Sie begann lange vor seiner Geburt. Allerdings fiel die Blütezeit der Piraterie in Störtebekers Lebensphase. Diese Blüte kam mit dem Tod des Dänenkönigs **Atterdag** Waldemar Atterdag (1375). Als Atterdags Thronfolger wurde mangels eigener Söhne der noch unmündige Sohn seiner jüngsten Tochter eingesetzt, obwohl die ältere Tochter ebenfalls einen Sohn hatte. Dessen Großvater, der Herzog von Mecklenburg, begann daraufhin einen Krieg gegen Dänemark, um die richtige Erbfolge zu erzwingen. Da er dafür aber weder genügend Schiffe noch Soldaten zur Verfügung hatte, bat er Seeräuber um Unterstützung. Die Aussicht auf reiche Beute ließ die Zahl der Piraten schnell zunehmen. Der Vorstoß gegen die Dänen blieb aber ohne nachhaltige Erfolge, weil Albrecht verstarb und sein Nachfolger Heinrich den Krieg nicht fortsetzte. Die bleibende Folge aber war, dass die Seeräuber an Zahl stark zugenommen hatten und fortan die Ostsee unsicherer machten als je zuvor.

Weiteren Auftrieb bescherte ihnen eine neue Auseinandersetzung. Der damalige König von Schweden; Albrecht III., kam zum Ärger des schwedischen Adels aus dem Hause Mecklenburg. Königin Margarete I. von Dänemark und Norwegen nutzte den Zwiespalt und versuchte die Vereinigung ihrer beiden Reiche mit Schweden. Es kam zum Kampf, bei dem Albrecht und sein Sohn Erich 1389 nach einer schweren Niederlage gefangen genommen wurden. Margarete verleibte sich das schwedische Reich ein. Nur die Hansestadt Stockholm blieb frei. Eigentlicher Nachfolger des gefangenen Albrecht als amtierender König von Schweden hätte der Mecklenburger Herzog Johann I. von Stargard werden müssen. Um die rechtmäßigen Herrschaftsverhältnisse in Schweden wieder herzustellen, rief er die Seeräuber auf, Dänemark und Norwegen nach Kräften zu schädigen. Der Lohn war die gemachte Beute. Die Häfen der Hansestädte Rostock und Wismar wurden die wichtigsten Stützpunkte.

Nachdem die Seeräuber zunächst nur dänische und norwegische Schiffe kaperten, nahmen sie sich später alles, was sie auf See finden konnten und damit auch hanseatische Schiffe. Das rief die Intervention der Hanse hervor. 1391 versuchten sich Rostock und Wismar damit zu rechtfertigen, dass sie gezwungen worden seien, ihre Häfen für die Seeräuber zu öffnen. 1393 überfielen und beraubten die Seeräuber das Hansekontor in Bergen. Im Jahr darauf verlangten

Das einzige mittelalterliche »Portrait« Claus Störtebekers entstand erst rund 100 Jahre nach seinem Tod und zeigt Cunz van der Rosen, Hofnarr Kaiser Maximilians I.

Wismar und Rostock sogar die Unterstützung der Hanse im mecklenburgischen Krieg gegen Dänemark. Die Hanse dachte gar nicht daran und schloss die beiden Städte aus der Gemeinschaft aus.

Die Piraten waren so erfolgreich, dass in der Mitte der 1390er Jahre eine hanseatische Schifffahrt in der Ostsee kaum noch stattfand. Das Risiko war einfach zu hoch. Die damit verbundene Verknappung der Waren trieb die Preise gewaltig in die Höhe. Um das wirtschaftliche Dilemma zu beenden, bot die Hanse der Dänenkönigin schließlich sogar Stockholm als Pfand an, wenn sie dafür König Albrecht und dessen Sohn freiließ. Doch Margarete I. überfiel die Stadt, um sie ohne Gegenleistung unter ihre Herrschaft zu bringen.

In einem glorreichen Akt eilten die Seeräuber dem bedrohten Stockholm mit acht Schiffen zur Hilfe. Die Ladung bestand vor allem aus Kämpfern, Waffen und Lebensmitteln (Viktualien). Dadurch wurde wahrscheinlich der Begriff Vitalienbrüder geprägt. Trotz einiger Schwierigkeiten aufgrund der Vereisung der Hafenzufahrt gelang schließlich die Befreiung Stockholms. Von Störtebeker und Godeke Michels war im Zusammenhang mit Stockholm nicht die Rede. Sie können aber durchaus dabei gewesen sein. Die Zahl der Seeräuber muss in den Blütezeiten bei etwa 2.000 gelegen haben.

Das geschlossene Vorgehen der Vitalienbrüder mit mehreren Schiffen unter einem Kommando erwies sich bei der teilweisen Befreiung Gotlands und vor allem der Hansestadt Wisby ein weiteres Mal als erfolgreich. Der Schlag gegen die von den Dänen besetzte Insel wurde von Stockholm aus geführt. Gotland wurde ein zentraler Stützpunkt der Vitalienbrüder in der Ostsee. Bald darauf schloss die Hanse Frieden mit Dänemark. Albrecht und sein Sohn Erich kamen frei. Mit dem Friedensschluss wurden die Seeräuber-Soldaten nicht mehr gebraucht. Nur ein Teil kehrte in eine bürgerliche Lebensweise zurück. Da die Mehrzahl aber keine ökonomische Alternative zu ihrer räuberischen Lebensführung hatte, wurden die Vitalienbrüder zu einem großen Problem für die Hanse. Sie erweiterten sogar ihren Wirkungsradius auf die russischen Gewässer in der östlichen Ostsee und vor allem auf die Nordsee. Einige drangen sogar in die atlantischen Gewässer bis hinunter nach Spanien vor.

Die Vitalienbrüder waren nie eine einheitliche Organisation mit zentraler Führung. Die geballten Angriffe auf Stockholm und Gotland waren Ausnahmen. Sie verfolgten keinerlei politische Ziele und bekriegten sich zuweilen sogar gegenseitig. Die Piraterie war einfach ihre Lebensgrundlage. Deshalb tauchten sie überall dort auf, wo Beute zu holen war. Unter welcher Flagge die überfallenen Schiffe gehörten und wem sie gehörten, war ihnen gleichgültig. Da die hanseatischen Kaufleute den Handel auf Nord- und Ostsee dominierten, waren deren Schiffe zwangsläufig auch am häufigsten betroffen. Die voll beladenen Handelsschiffe waren im Grunde leichte Beute für die Seeräuber. Man konnte ihnen in Flussmündungen oder Meerengen leicht auflauern, zur Tarnung irgendeine Flagge führen und damit auf die Arglosigkeit der Opfer setzen. Auf hoher See war das alles zwar auch möglich, aber wesentlich schwieriger. Das Aufspüren von Schiffen ging nur auf Sichtweite. Der freie Seeraum bot den Opfern zudem immer Möglichkeiten, sich durch geschickte Segelmanöver dem Zugriff zu entziehen. Nacht oder Nebel konnten das noch begünstigen. In den Flussmündungen dagegen war ein Entkommen kaum möglich.

1397 zog Albrechts Sohn Erich gegen Gotland und besetzte die Insel komplett. Dazu gehörte auch der Sieg über Sven Sture, eine große Führergestalt der Seeräuber und gleichzeitig Statthalter im dänischen Teil Gotlands, unter dessen Schutz die Vitalienbrüder ihren Stützpunkt auf der Insel unterhielten. Nach Erichs Tod wurde Sture wiederum Herrscher über Gotland. Die gotländischen Vitalienbrüder setzten in der Folgezeit vor allem den preußischen Handelsschiffen sehr zu. Das veranlasste den Deutschen Ritterorden einen großen Schlag gegen die Seeräuber zu führen. 4.000 hochgerüstete Männer mit 84 Schiffen zogen in den Kampf. Die Vitalienbrüder konnten gegen die gewaltige Übermacht nichts ausrichten, wurden von Gotland vertrieben und zogen sich in die Nordsee zurück.

Schutz und neue Aufgaben fanden sie bei den ostfriesischen Häuptlingen. Die lagen häufig nicht nur im Streit mit ihren niederländischen Nachbarn, sondern auch untereinander. Die lokalen Plänkeleien hatten die Geschäfte der Hanseaten nicht beeinträchtigt. Mit dem Auftauchen beutegieriger Vitalienbrüder aber wurde die hanseatische Schifffahrt im Westhandel empfindlich gestört.

Zumindest seit 1398 ist auch die Anwesenheit von Störtebeker und Michels in Ostfriesland belegt. Die Vitalienbrüder gingen ziemlich dreist vor. So brachten sie beispielsweise ein Schiff in ihre Gewalt, plünderten die Ladung und zwangen den Kapitän im nächsten Hafen, sein Schiff zurück zu kaufen. Dabei gaben sie ihm eine freundliche Empfehlung an die Hanse mit auf die Heimreise. Das war eine extreme Provokation. Doch die Hanse suchte die Lösung zunächst auf dem Verhandlungswege mit den ostfriesischen Häuptlingen. Dabei wurden Verträge geschlossen, an die sich Häuptlinge wie Edo Wiemken oder Widzel tom Brok nicht hielten. Für ihre Interessen brauchten sie die Hilfe der Vitalienbrüder. Keine ostfriesische Stadt war Mitglied der Hanse. Neid und Missgunst den reichen hanseatischen Pfeffersäcken gegenüber mögen ein weiteres Motiv gewesen sein. Zusätzlicher Druck auf die Hanse kam aus England, weil auch englische Schiffe immer wieder gekapert wurden.

So wurde zur Bekämpfung des Übels die erste Flotte mit Schiffen aus Bremen, Hamburg und Lübeck ausgerüstet. Bei einer Seeschlacht in der Ems und anschließenden Auseinandersetzungen an Land wurden über 100 Piraten getötet oder gefangen genommen und enthauptet. Einige Piratennester wurden zerstört. Doch es gab weit mehr Vitalienbrüder in Ostfriesland als die Hanseaten gedacht hatten. So erwischten sie beispielsweise auch Godeke Michels und Klaus Störtebeker nicht. Michels war mit rund 200 Gefolgsleuten nach Norwegen entkommen und Störtebeker mit über 100 Mann nach Holland. Das Problem war also keineswegs gelöst. Den Quellen zufolge war übrigens Michels einer der großen Anführer, während Störtebeker in die Reihe der Hauptleute gehörte. Warum Störtebeker bis in die Gegenwart den Großteil des Ruhmes genießt und nicht etwa Michels, ist nicht zu belegen.

Die Sage von Klaus Störtebeker und Godeke Michels aber ist auch heute noch wunderschön zu lesen und traf damals sicherlich die Seele des einfachen Volkes, das am Reichtum der erfolgreichen Hanseaten keinen Anteil hatte. Es verwundert nicht, dass diese Menschen den Pfeffersäcken den Schaden wohl gönnten, zumal sie selbst von den Vitalienbrüdern nicht behelligt wurden und gelegentlich sogar etwas von der Beute abbekamen. In den Heldengeschichten um die Likedeelers werden die Hanseaten geradezu zum Feindbild der weniger bemittelten Bevölkerung. Die Bekämpfung der Ausbeuter durch die Freibeuter gilt gar als gerechte Großtat. Störtebeker war einer der Ihren und soll schließlich die schöne Tochter von Widzel tom Brooke geheiratet haben. »Sie verliebte sich in den mächtigen Mann und folgte ihm auf sein Schiff und in sein schwankendes Reich«, heißt es in der Sage.

Wenn Störtebeker Gefangene machte, gab es drei Möglichkeiten. Waren die Gefangenen arm, alt oder schwach, wurden sie über Bord geworfen. Waren sie reich, dann ließ man sie gegen Lösegeld wieder frei. Wenn sie stark und mutig waren, dann konnten sie in die Mannschaft aufgenommen werden. Das ging allerdings nur unter einer Bedingung. Zu lesen steht in der Sage: »Wenn sie nämlich seinen ungeheuren Mundbecher voll Wein leeren konnten, dann nahm er sie als Gesellen an. Die das nicht konnten, die wurden abgetan.« Mit seinen erstaunlichen körperlichen Fähigkeiten hatte der Held selbst schon den Oberpiraten Godeke Michels für sich gewinnen können, erzählt die Sage. Zunächst zerriss er eine »Kette wie Bindfaden« und gab auch noch weitere Proben seiner enormen Kraft und Unerschrockenheit. Daraufhin hat Michels »ihm gleich ein Schiff unterstellt und hernach den Oberbefehl über die ganze Brüderschaft mit ihm geteilt. Und weil der neue Genoß, der seinen adligen Namen abgelegt, so ganz unmenschlich trinken konnte, dass er die vollen Becher immer in einem Zug ohne abzusetzen hinunterstürzte und dies Becherstürzen täglich unzählige Male wiederholte, nannte man ihn den Becherstürzer, oder plattdeutsch Störtebeker.« Michels und Störtebeker waren übrigens auch unverwundbar. »Kein Schwert, keine Armbrust, Büchse oder Kartaune hat sie je verwunden ...«, heißt es. Solche Teufelskerle wachsen dem Volk natürlich ans Herz. Kein Wunder, dass 20 Ortschaften die Stätte von Störtebekers Geburt gewesen sein möchten. Hinzu kommt noch die Variante des Findelkindes, das bei einer Sturmflut angespült wurde.

Doch zurück zu den Tatsachen. Mit bitterer Klage fordert Heinrich des IV. von England Schadenersatz von der Hanse für verlorene Schiffe und Ladungen. In dem Schriftstück aus dem Jahr 1394 ist der Name Störtebeker an 14 Stellen genannt. Ebenfalls mehrfach erwähnt wird Godeke Michels. Eine weitere Quelle ist die alte lübische Chronik von Johannes Rufus. Darin heißt es, dass die Seeräuber, darunter Godeke Michelis und Clawes Stortebeker, im Jahr 1395 großen Schaden angerichtet hätten. Die erste große Strafexpedition der Hansestädte Bremen, Hamburg und Lübeck von 1398 in die Nordsee hatte keinen nachhaltigen Erfolg gebracht. Tatsache ist, dass es weitere Verfolgungen gab. Wann aber genau Störtebeker und Michels gefangen wurden, ist nicht klar. Es gibt mehrere Erzählungen darüber. In einem Hamburger Rechnungsbuch aber steht: »Für die Reisen der Herren Hermann Lange und Nikolaus Schoken nach Helgoland im vergangenen Jahr (1400) gegen die Vitalienbrüder: zusammen 57 Pfund.« Dabei muss wohl auch Störtebeker gefangen genommen worden sein. Eine andere Quelle besagt, etwa 70 Seeräuber seien dabei erschlagen und weitere 70 gefangen und nach der Rückkehr enthauptet worden. In einem weiteren Vermerk im Rechnungsbuch geht es um die Hinrichtungskosten. Dem lässt sich entnehmen, dass Störtebeker und 29 Gefolgsleute in den Monaten September und Oktober 1400 gefangen und noch im selben Jahr 1400 geköpft wurden. Godeke Michels war nicht dabei.

Im Jahr darauf kämpften die Hamburger auf der Wesermündung gegen die Vitalienbrüder und überwältigten dabei auch Godeke Michels. Flüchtige Seeräuber wurden verfolgt und in der Jade gestellt. In den Gefechten wurden viele Vitalienbrüder getötet und 80 gefangen genommen. Auch sie fanden in Hamburg ihr Ende durch das Richtschwert. Die Hauptleute waren Godeke Michels und Wigbold, berichtet die »Rufus-Chronik«. Die Führer der hanseatischen Flotte waren der schon bei der Helgoland-Expedition erfolgreiche Nikolaus Schoken und Hinrik Jenevelt.

Damit war zwar die Ära von Klaus Störtebeker und Godeke Michels 1401 zu Ende, nicht aber die Seeräuberei. Eine neue Strafexpedition startete 1433 unter Simon von Utrecht, der mit 21 Schiffen zunächst nach Emden lief und die Stadt einnehmen konnte. Dem folgten die Belagerung und schließlich die Zerstörung der Seeräuberfestung Sibetsburg. Mit diesem Schlag war die große Bedrohung der hanseatischen Schifffahrt endgültig vorbei. Piraten gab es allerdings auch weiterhin. Sie sind bis heute nicht von den Weltmeeren verschwunden. Die Schäden, die sie anrichten, waren und sind aber nicht mehr so groß, dass die Piraterie als ernste Bedrohung der großen Handelswege gesehen wird.

Die Hansetage

Drei wichtige Beschlussgremien kennzeichnen die Machtstruktur der Hanse: Hansetag, Regionaltag und Stadtrat. Der Hansetag, auch »Tagfahrt« genannt, war die oberste Institution der Städte-Hanse. Die Hansetage entstanden, als sich die Hansestädte in der zweiten Hälfte des 14. Jahrhunderts auf eine engere Zusammenarbeit verständigten. Die »Ratssendeboten« waren die offiziellen Gesandten des Rates der jeweils teilnehmenden Städte, zumeist die Bürgermeister selbst und/oder Ratsherren.

1358 Den ersten offiziellen Hansetag gab es 1358, den letzten im Jahr 1669. In ruhigen und wirtschaftlich erfolgreichen Zeiten gab es kaum Veranlassung, eine Tagfahrt einzuberufen. So gab es teils große Abstände zwischen diesen Veranstaltungen. In Krisenzeiten dagegen häuften sich die Hansetage. Insgesamt waren es 72, von denen 54 in Lübeck stattfanden. Bezogen auf die 311 Jahre zwischen 1358 und 1669 gab es im Durchschnitt also nur alle 4,3 Jahre einen Hansetag.

Aufgabe des Hansetags war, wichtige gemeinsame Interessen zu beraten und bindende Beschlüsse für alle Hansestädte herbeizuführen. Dazu erfolgte eine schriftliche Einladung. Der Termin wurde darin genannt und die zu beratenden Angelegenheiten aufgeführt. Einladende Stadt war zumeist Lübeck. Das lag einerseits an der führenden Stellung in der Städte-Hanse, andererseits war Lübeck durch seine zentrale Lage für die meisten Ratssendeboten relativ gut zu erreichen.

Teilnahmeberechtigt an den Hansetagen waren die Ratssendeboten aller Hansestädte. Die Ratssendeboten hatten eine feste Aufgabe. Es ging nicht darum, in freier Diskussion Lösungen zu finden. Die Stellungnahmen zu allen auf dem Hansetag anstehenden Punkten waren zuvor in den einzelnen Städten beraten worden. Die Ratssendeboten hatten genau diese Position vorzubringen und zu vertreten. Städte, die keine eigenen Abordnungen stellen wollten, konnten sich durch andere Städte vertreten lassen. Man konnte sich aber auch auf Lübeck verlassen und auf eine eigene Stimme verzichten. Zusätzlich zu den Ratssendeboten durften die hohen Repräsentan-

48

ten des Reiches an den Hansetagen teilnehmen – der Kaiser, Könige, Bischöfe und Fürsten oder deren Gesandte. Auf dem Hansetag konnten sie ihre Meinung äußern, zum Einspruch berechtigt waren sie aber nicht.

Regionaltage waren wesentlich häufiger als Hansetage. Auf den Regionaltagen trafen sich die Gesandten aus den Städten einer geografischen Region, zum Beispiel eines der hanseatischen Dritte. Die Zusammensetzung eines Regionaltages konnte aber auch – je nach der aktuellen Interessenlage – ganz anders sein. Es konnten zudem Städte eingeladen werden, die nicht der Hanse angehörten. Diese mussten allerdings den Raum verlassen, wenn hansespezifische Themen besprochen wurden. Die Regionaltage dienten der gemeinsamen Willensbildung. Dies konnte entweder rein regionalen Charakter haben oder die Hanse insgesamt betreffen. Regionaltage konnten Themen für den Hansetag vorbereiten oder gemeinsame Standpunkte zu Angelegenheiten entwickeln, die bereits auf der Tagesordnung für den nächsten Hansetag standen.

Auf den Hansetagen leitete der Bürgermeister der einladenden Stadt die Versammlung. Nacheinander konnten die Ratssendeboten der einzelnen Städte zu den anstehenden Fragen Stellung nehmen. Weil jede Stadt oder Städtegruppe in erster Linie die eigenen Interessen verfolgte, war eine Einigung grundsätzlich schwierig. Die Probleme nahmen mit der Zahl der Teilnehmer zu. Auf großer Hansetagen waren manchmal mehr als 40 Städte vertreten. Bedingung für einen Beschluss (Rezess) war Einstimmigkeit. Dabei wurde allerdings nicht tatsächlich abgestimmt. Ein Beschluss galt als gefasst, wenn keiner der anwesenden Ratssendeboten mehr gegen die schließlich gefundene Formulierung Widerspruch erhob. Dann war der Rezess bindend – grundsätzlich auch für diejenigen, die am Hansetag nicht teilgenommen hatten.

Die Rezesse wurden auf Pergament fixiert und jede Stadt erhielt eine Abschrift. Ihre Rechtsgültigkeit erhielten die Rezesse allerdings erst durch die Verlesung in den einzelnen Städten und Kontoren der Hanse – vergleichbar etwa dem heutigen Prinzip der Ratifizierung von Gesetzen. Danach wurden sie in das Stadtrecht integriert. Dabei waren die Städte aber nur so weit an die Rezesse gebunden, wie ihre eigene Position zu den jeweiligen Beratungspunkten darin Niederschlag fand. Diese Positionen wurden jedoch zuvor nicht schriftlich fixiert. Insofern blieb den Ratssendeboten ein gewisser Ermessensspielraum auf dem Hansetag. Dort herrschte zwar die Erwartung, sich der Mehrheitsmeinung notfalls unterzuordnen, zwingend war dies aber nicht.

So kam es vor, dass die Ratssendeboten ihre Zustimmung erteilten, die später aber von ihren Heimatstädten abgelehnt wurde. Wichen die auf dem Hansetag erarbeiteten Rezesse nämlich zu weit von der Position einer Stadt ab, erlosch im Grunde die Vollmacht des Ratssendeboten und er musste den strittigen Punkt zu erneuter Beratung in seiner Heimatstadt bringen. Dieser Umstand schwächte und verzögerte natürlich die Beschlussfähigkeit der Hanse. Die Aussichten für eine Formulierung, zu einem von allen Städten auch tatsächlich akzeptierten Rezess zu werden, waren folglich längst nicht immer gegeben – vor allem dann nicht, wenn ein Rezess Einfluss auf die inneren Angelegenheiten der Städte nehmen konnte. Alle Beschlüsse, mit denen sich Handel und Gewerbe, Schifffahrt und Verkehr stärken ließen, hatten dagegen gute Chancen auf allgemeine Umsetzung. Immerhin hat die Hanse über Jahrhunderte die nordeuropäische Wirtschaftsgeschichte und teils auch die Politik mitbestimmt. Ganz ohne Gemeinschaftssinn wäre dies nicht möglich gewesen.

Tagfahrt Der Begriff Tagfahrt kollidiert mit dem heutigen Begriffsverständnis. Es war keine Tagesfahrt, sondern die Fahrt zum Hansetag, denn die Tagfahrten waren langwierige Veranstaltungen, die sich immer über mehrere Tage hinzogen. Zunächst waren die Reisezeiten damals nicht zuverlässig planbar, so dass selten alle Gesandten pünktlich eintrafen. Verspätungen, vorzeitiges Abreisen oder Nichterscheinen konnten mit einer Geldstrafe belegt werden. Des Weiteren bestimmten die Zahl der teilnehmenden Städte und die zur Beratung anstehenden Themen die Dauer eines Hanstages. Um das Verfahren abzukürzen, konnten Ausschüsse zur Klärung einzelner Angelegenheiten gebildet werden. Die entsprechend beauftragten Städte hatten volle Beschlusskraft zu den jeweiligen Themen.

Verzögerungen vor dem eigentlichen Sitzungsbeginn eines Hansetages konnten auch mit der Festlegung der Sitzordnung zusammen hängen. Wer durfte direkt rechts oder links neben Lübeck seinen Platz einnehmen und wie ging es weiter? Die Sitzordnung wurde als Rangordnung empfunden, und die Klärung soll zuweilen viel Zeit verschlungen haben. Auch der Mittelplatz an dem großen Tisch war nicht immer unumstritten. Als größere Stadt versuchte Köln mehrfach, das vermeintliche Vorrecht Lübecks nicht zu akzeptieren. Auch Bremen erhob einmal Anspruch auf den Mittelplatz. Ab 1481 saß Köln gewöhnlich rechts von Lübeck, gefolgt von Bremen, während Hamburg den Platz auf der weniger vornehmen linken Seite Lübecks einnahm. Während Köln und Lübeck um die Spitzenposition rangelten, stritten Bremen und Hamburg um die Position des Dritten. Wer war nach Lübeck und Köln die Nummer Drei in der Hanse? Beide Städte reklamierten diesen Anspruch für sich. Bis heute sind dieses alte Machtgerangel und die Missgunst in den beiden Städten zum Teil noch spürbar.

Hamburger Bürger der Hansezeit.

Der starke Einfluss der Hanse warf bei den Historikern Fragen auf. Schließlich war die Hanse kein Staat, hatte kein Heer, als Institution keine eigenen Einkünfte und keinen Etat, kein allgemein gültiges Recht, kein Staatsoberhaut und keine gemeinsame Verwaltung. Es gab zur Hansezeit noch nicht einmal ein Mitgliederverzeichnis. Niemand konnte nachprüfen, wer dem Städtebund überhaupt angehörte. Aus juristischer Sicht war die Hanse als Institution folglich überhaupt nicht vorhanden. Dennoch konnte sie gegenüber anderen Ländern wie ein Staat auftreten und wurde überall als machtvolle Vereinigung anerkannt. Das ist in der europäischen Geschichte ohne Parallele. Vielleicht lag gerade in der Einzigartigkeit ein Teil der hanseatischen Stärke.

Auf dem letzten Hansetag im Juli 1669 waren außer Lübeck nur 1669 noch Bremen, Braunschweig, Danzig, Hamburg, Hildesheim, Köln, Osnabrück und Rostock vertreten. Bei den 18 verschiedenen Sitzungen standen zentrale politische Fragen auf der Tagesordnung. Das Ziel war, der Hanse in veränderter Form den Fortbestand zu sichern. Es kam keine Einigung zustande. Ohne Ergebnis kehrten die Ratssendeboten Lübeck den Rücken – das kleine Ende einer großen Zeit.

Der Niedergang der Hanse

Warum konnte die Hanse ihren wirtschaftlichen und politischen Einfluss nicht erhalten? Die einzelnen Stufen des Niedergangs sind in der Forschungsliteratur der letzten 200 Jahre vielfach beschrieben worden. Bezeichnend für die seit dem auslaufenden 14. Jahrhundert zunehmend schwieriger werdende Entwicklung der Hanse aber waren zwei große Strömungen der Zeit – eine geistig/politische und eine wirtschaftliche Strömung. Schon im Übergang vom Mittelalter zur Neuzeit zeigte sich, dass die auf einer mächtigen Städtepartnerschaft basierenden Handelsstrukturen auf Dauer nicht mehr aufrecht zu erhalten waren. Die konservative Hanse hat es nicht geschafft, sich den neuen Verhältnissen anzupassen.

Als Zeitrahmen für das Mittelalter gelten die 1.000 Jahre zwischen 500 und 1500 n.Ch. 16. und 17. Jahrhundert zeigen einen großen Entwicklungssprung. Das Denken der Menschen in Europa löste sich von den religiös geprägten, statischen mittelalterlichen Daseinsvorstellungen und erschloss sich (wieder) neue Räume. Vorreiter waren Wissenschaftler wie Galileo, Kopernikus und andere mehr. Die Erde war keine Scheibe mehr, sondern rund und sie kreiste um die Sonne. Diese Erkenntnis galt der Kirche als gotteslästerliche Vorstellung, ließ sich aber trotz heftiger Bekämpfung auf Dauer nicht verhindern. Eine Folge des Wandels war die Reformation. Der tiefe Zwiespalt zwischen Rom und den Reformierten galt schließlich als Auslöser für den 30-jährigen Krieg. Der Wandel im Denken ging einher mit der hochmittelalterlichen Machtkonzentration, die sich in der Neuzeit verstärkt fortsetzte.

Diese Konzentration betraf sowohl die Auslandsmärkte der Hanse als auch das Reich selbst. Damit schränkte sich der Handlungsspielraum der einzelnen Städte und der Gemeinschaft im In- und Ausland immer weiter ein. Schon seit der Mitte des 14. Jahrhunderts versuchten die Fürsten des Reiches die städtische Autonomie in ihren Einflussgebieten wieder zu reduzieren. Unter den schwierigeren politischen Rahmenbedingungen traten die individuellen Interessen der einzelnen Städte immer deutlicher hervor. Die alte Form der gemeinsamen Willensbildung, die – wenn auch begrenzte – hanseatische Solidarität, war nicht mehr aufrecht zu halten. Lübeck und die wendischen Städte haben mehrere Versuche unternommen, die Hanse wieder zu stärken und zu einem politischen Bündnis weiter zu entwickeln, scheiterten jedoch.

Die wirtschaftlichen Ursachen begannen mit den drei großen Pe- **Pest** stepidemien zwischen 1349 und 1367, die ein Drittel der europäischen Bevölkerung dahinrafften. Das bis Mitte des 14. Jahrhunderts anhaltende Bevölkerungswachstum schlug durch die Pest in einen drastischen Bevölkerungsschwund um. Die damit verbundene geringere Nachfrage nach Lebensmitteln (»spätmittelalterliche Agrarkrise«) und Bedarfsartikeln schwächte den Handel der hanseatischen Kaufleute empfindlich.

Die Verteilung des kleiner werdenden Kuchens führte auch zu inneren Problemen der Hanse. Nachdem Lübeck und Hamburg lange im Schnittpunkt der Ost-West-Verkehrsachse lagen und über das Stapelrecht kräftig profitiert hatten, fuhren die Schiffe zunehmend um die dänische Halbinsel herum (Umlandfahrt) und bedienten die Zielmärkte direkt. Damit wurde besonders Lübecks wirtschaftliche und damit auch die politische Position in der Hanse geschwächt – ein Problem, das bis zum Ende der Hansezeit nicht gelöst werden konnte und somit fast 200 Jahre andauerte. Verstärkt wurde dies durch die Konkurrenz holländischer Kaufleute. Ende des 15. Jahrhunderts schlidderte Lübeck schließlich in eine tiefe wirtschaftliche Krise. Die alte Systematik des hanseatischen Handels geriet aus den Fugen.

Brügge, dem »Welthandelsmarkt des Mittealters«, erging es durch den Verlust der flandrischen Tuchherstellung nicht besser. Es verlor seine führende Rolle an Antwerpen, wo die deutschen Kaufleute zwar präsent, nicht aber mit besonderen Vorrechten ausgestattet waren. Die Verlagerung auf Antwerpen war ein weiterer Bedeutungsverlust für die Hanse. Das große Kontor in Brügge war bedeutungslos geworden. In Antwerpen waren die Fugger mit einer Niederlassung **Fugger** präsent. Der geradezu kometenhafte Aufstieg dieser Kaufmanns-Dynastie machte den hanseatischen Kaufleuten immer mehr zu schaffen.

Auch auf anderen traditionellen Handelsrouten kam es zu Verlagerungen. So lief der Nord-Süd-Handel wieder über die Alpen zum Rhein. Das kam zwar Köln zugute, nicht aber den anderen Hansestädten. Eine neue Querverbindung über den Landweg vor Frankfurt nach Osteuropa erwuchs als zusätzliche Konkurrenz zum noch hanseatisch dominierten Seeweg. Auf dieser neuen Landachse lieferten die Fugger den hanseatischen Kaufleuten heftigen Wettbewerb und dominierten schließlich den Handel mit Kupfer, Pelzen und Wachs.

Zudem drangen englische Kaufleute bis zu den baltischen Häfen vor. Die Engländer forderten in Hamburg und in mehreren Ostseestädten dieselben Rechte, die hanseatische Kaufleute in England hatten. Die englischen »Merchant Adventurers« hatten ähnliche mittelelterliche Organisationsstrukturen wie die hanseatischen Kaufleute. Vor allem Danzig aber war gegen die neuen Wettbewerber, und der Hochmeister des Deutschen Ritterordens lehnte die geforderte Gleichbehandlung deshalb kategorisch ab. Dies führte zu Auseinandersetzungen und schließlich zum Krieg der Hanse gegen England. Die Hanse konnte diese Auseinandersetzung zwar mit dem Frieden von Utrecht formal für sich entscheiden und die Gleichbehandlung englischer Kaufleute zunächst verhindern, nicht aber die anschließende Verlagerung des englischen Tuchhandels auf Antwerpen und Bergen up Zoom. Davon profitierten wieder die oberdeutschen Kaufleute, die ohnehin zu immer stärkeren Konkurrenten für die Hanse wurden. Schließlich gelang es auch den englischen Kaufleuten, sich in Hamburg und Elbing Privilegien zu sichern. Bald darauf ließ die englische Königin das Hansekontor in London schließen.

Die teilweise Verlagerung der Heringsfänge von der Ostsee auf die Nordsee und die Einfuhren von isländischem Trockenfisch führten zu Bedeutungseinbußen des Hansekontors in Bergen und zur erheblichen Verringerung des schonischen Fischmarktes, an dem insbesondere Lübeck stark beteiligt gewesen war.

Das Hansekontor in Nowgorod wurde 1494 auf Veranlassung von Großfürst Iwan III. geschlossen. Das Ziel war, den einträglichen Handel nach Moskau zu verlagern und selbst davon zu profitieren. Das Kontor wurde zwar 20 Jahre später wieder eröffnet, hatte aber für die Hanse keine Bedeutung mehr. 1454 war bereits die preußische Städtegruppe von der Hanse abgefallen – eine Folge der veränderten politischen Kräfteverhältnisse im Osten. Der Deutsche Ritterorden war 1410 von den Polen bei Tannenberg vernichtend geschlagen worden.

Innere Krisen in verschiedenen Hansestädten kamen im 15. Jahrhundert erschwerend hinzu. Immer waren es Handwerkerstände, die gegen die Vorherrschaft der Kaufleute in den Räten protestierten. Auch Lübeck blieb davon nicht verschont. Der alte Rat beugte sich dem Druck und ging schließlich ins Exil. Der Kaiser verhängte die Reichsacht über die Stadt; und Lüneburg wurde vorübergehend zum Haupt der Hanse. 1416 aber übernahm der alte Rat – mit einigen neuen Mitgliedern – wieder die Herrschaft im Rathaus. Zur Bestätigung der traditionellen Führungsposition wurde Lübeck auf dem Hansetag 1418 wieder offiziell mit der Geschäftsführung der Hanse beauftragt.

Die Wiederherstellung alter Machtverhältnisse war typisch für die Hanse. Auch aus Stralsund war der alte Rat vertrieben und durch die Hanse später wieder eingesetzt worden. Es ging stets darum, die alten Macht- und Privilegienstrukturen zu erhalten – sowohl im Ausland als auch in den Städten selbst. Vordenker, die Veränderungen anmahnten, um die Funktionsfähigkeit der Hanse zu erhalten, blieben grundsätzlich ohne Gehör. Stets stand die Autonomie der eigenen Stadt im Vordergrund aller Entscheidungen. Das erfolgreiche Gegenbeispiel der Zeit boten die großen oberdeutschen Kaufleute, wie Fugger und Welser, die ihre Handelsnetze schnell ausbauen konnten und große Familien-Imperien begründeten.

In der Folge der Wiederentdeckung Amerikas (Westindien) durch Columbus entwickelte sich ab Mitte des 16. Jahrhunderts der atlantische Handel. Auch der tatsächliche Seeweg nach Indien und Asien um die Südspitze Afrikas herum wurde gefunden. Der Begriff des Fernhandels erhielt damit eine neue, interkontinentale Dimension. Unter den deutschen Städten konnten davon naturgemäß Bremen und Hamburg durch ihre direkte Verbindung zur Nordsee und zu den Weltmeeren profitieren, während die Städte an der Ostsee in diesen neuen Märkten nicht Fuß fassen konnten. Dabei kam es unter den Nordseehäfen zu einer Spezialisierung, die im Prinzip bis heute erhalten geblieben ist. Bremen entwickelte den Amerikahandel, Hamburg orientierte sich in Richtung Asien.

Ab 1618 gibt der 30-jährige Krieg der Hanse den Rest. Teile Europas werden neu geordnet. Der westfälische Frieden wird 1648 zwar in den alten Hansestädten Münster und Osnabrück verkündet, für den schwächelnden Städtebund aber ist kein Raum mehr im neuen Machtgefüge. Der Einladung zum Hansetag im Jahr 1651 leistet keine Stadt Folge. Der nächste Versuch im Jahr 1668 läuft kaum besser. Weil nur fünf Städte ihre Ratssendeboten nach Lübeck entsandt haben, wird eine Vertagung auf 1669 beschlossen. Immerhin war es den Städten Lübeck, Bremen und Hamburg noch gelungen, in den Friedensschluss von 1648 einbezogen zu werden. Den Hansestädten, auch denen unter schwedischer Hoheit, wurden freier Handel und freie Schifffahrt zugesichert.

Nach dem letzten Hansetag 1669 mit neun Städtevertretungen, der zwar ohne formellen Beschluss blieb, aber praktisch das Ende der Städte-Hanse besiegelte, existierte nur noch der 1630 zwischen Lübeck, Bremen und Hamburg geschlossene Bund. Diese drei Städte repräsentierten nach 1969 in gewisser Weise noch die Hanse, von deren einstigem Gemeinschaftssinn jedoch nichts mehr übrig war. Der Dreierbund spielte im Grunde nur noch die Rolle des Konkursverwalters. 1774 folgte die Auflösung des Kontors in Bergen. 1853 wurde der Stalhof in London verkauft, 1862 das Haus in Antwerpen. Damit war das gesamte restliche Vermögen veräußert. Der Bund der drei Städte war ohne Funktion. Die offizielle Auflösung er- Auflösung
folgte allerdings erst im 20. Jahrhundert.

Rathaus in Lübeck. Die Aufnahme entstand um 1900.

Lübeck
Königin der Hanse

Teile der Altstadt Lübecks sind seit 1987 von der UNESCO er- Weltkul-
klärtes Weltkulturerbe. Trotz der Verwüstungen während des 2. Welt- turerbe
krieges blieb genug Substanz erhalten, um den Wiederaufbau der
prächtigen ehemaligen Hansemetropole zu wagen. Die »sieben gol-
denen Türme« des Doms und der großen Kirchen, das schmucke Rathaus, Klöster, Hofanlagen und Bürgerhäuser im Bereich der historischen Altstadt vermitteln ein beeindruckendes Bild des ehemaligen
Reichtums. Nicht zuletzt gehört das berühmte Holstentor, das bis zur Holstentor
Einführung des Euro den 50 Mark-Schein verzierte, zu den attraktiven
Sehenswürdigkeiten der Stadt.

Nach der Landeshauptstadt Kiel ist Lübeck heute mit gut 214.000
Einwohnern die zweitgrößte Stadt Schleswig-Holsteins. Das Wirtschaftsleben wird längst nicht mehr vom Handel dominiert. Es ist
eine Mischung aus Industrie, Handel und Dienstleistung. Hinzu kommen Forschung und Lehre. Kernstück des Hafengeschäfts ist heute
das große Fähr-Terminal in Travemünde. Der Ort gehört seit 1329 zu
Lübeck. Während sich das stolze Hamburg als »Tor zur Welt« bezeichnet, ist Lübeck etwas bescheidener und nennt sich »Tor zur Ostsee«. Mit einem Gütervolumen von fast 26 Millionen Tonnen pro Jahr
ist Lübeck nicht nur der bedeutendste deutsche Ostseehafen, sondern auch einer der größten Fährhäfen Europas. Allerdings sind
Fährverkehre zum größten Teil Durchgangsverkehre ohne eigentliche Wertschöpfung für die Stadt, so dass die frühere zentrale wirtschaftliche Bedeutung des Hafens nicht mehr gegeben ist.

Lübeck ist zu Recht ein Touristenmagnet. Schon der Name »Liubice« (die Liebliche) für die erste Siedlung am Treffpunkt der Flüsse
Trave und Schwartau scheint absolut gerechtfertigt. Vorgänger dieser Siedlung war eine slawische Burganlage, die auf das Jahr 819
zurückgeht. Die eigentliche Keimzelle der Stadt liegt jedoch auf einem von der Trave und der Wakenitz umgebenen Hügel, wenige Kilometer entfernt vom ursprünglichen »Liubice«. Als Gründungsjahr
gilt 1143, als der Graf von Schauenburg dort eine Kaufmannsansied- 1143

lung gründete. Die strategisch günstige Lage des Hügels im Schutz der beiden Flüsse und der damals schon bestehende Handelsweg führten schnell zum Wachstum. Vor allem Händler aus den unter der Herrschaft des Herzogs Heinrich gehörenden Umlandsorten Bardowick und Lüneburg wechselten über. Das führte zu Auseinandersetzungen zwischen Adolf und Heinrich. Ein Brand bereitete der aufstrebenden Siedlung jedoch 1157 das Ende.

1157

Heinrich der Löwe erkannte den verkehrsgeografischen Wert des verbrannten Ortes für den Ostseehandel und gründete dort eine neue Stadt, die er auch sofort mit umfassenden Privilegien ausstattete. Das Stadtrecht von Soest stand dabei Pate. Schon bald entwickelte sich ein Handelsgeflecht, das sich bis nach Nowgorod spannte. Zusätzlichen Auftrieb brachte ab 1160 die Verlegung des Bistums von Oldenburg nach Lübeck. Neben anderen großen Bauwerken entstand damals auch der romanische Dom. Durch die Ächtung Heinrichs durch Kaiser Friedrich Barbarossa fiel Lübeck 1181 an Dänemark, was jedoch die Entwicklung der aufstrebenden Stadt im Ostseehandel durch zusätzliche Privilegien sogar noch förderte. Damit war im Grunde die Voraussetzung geschaffen, die führende Stellung in der Städte-Hanse zu übernehmen. 1226 erklärte Friedrich II. Lübeck zur freien Reichsstadt. Im Jahr darauf konnte sich die Stadt von der dänischen Herrschaft befreien.

1226

Die Reichsunmittelbarkeit erlaubte Lübeck, eine eigene Rechtsgrundlage zu schaffen und die Handelsinteressen gezielt zu verfolgen. Das »lübische Recht« wurde später von etlichen Städten, insbesondere an der Ostsee, übernommen – sicherlich, weil die Vorteile für die ökonomische Entwicklung am Beispiel Lübecks so offenkundig waren. Die Wertschätzung für die aufstrebende Stadt Lübeck führte 1293 durch den Beschluss der anderen Handelsstädte in Norddeutschland zu einer Schwächung der starken Position von Wisby auf der Ostseeinsel Gotland. Anstelle von Wisby wurde nun Lübeck die Interessenvertretung für die Kontore in Nowgorod übertragen. Lübeck war fast überall präsent. Es gab kein Kontor, keine hanseatische Niederlassung und keinen Auslandsmarkt, wo Kaufleute aus dieser Stadt nicht vertreten waren.

Ein weitsichtiger Schachzug Lübecks war, sich 1329 durch den Kauf Travemündes einen direkten Standort an der Ostsee zu sichern. Die seit 1143 fast durchgehende Erfolgsgeschichte machte Lübeck zum Zentrum des Handels zwischen dem Binnenland und dem gesamten Ostseeraum. Ein Schwerpunkt war immer der Handel mit Schweden. Zudem wurde die Stadt Drehscheibe für die Handelsverbindung zwischen Ost- und Nordsee, wovon auch Hamburg stark profitierte. Der Seeweg von der Ostsee zwischen den dänischen Inseln und durch das Skagerrak hindurch zur Nordsee war für die Kog-

Lübeck, Holstentor. Aufnahme aus den 1920er Jahren.

gen kein großes nautisches Problem. Dieser Seeweg wurde aber von Dänemark kontrolliert und war mit entsprechenden Zollabgaben behaftet. Zudem machten die immer wiederkehrenden Auseinandersetzungen mit dem nördlichen Nachbarn die Passagen zum Risiko. So blieb der Handelsweg von der Ostsee über Lübeck und Hamburg in die Nordsee über lange Zeit die wichtigste Verbindung.

Wie stark Lübeck von seiner dominanten Position profitieren konnte, zeigt seit 1350 auch die Marienkirche – ein gewaltiger Bau, den 120 Kaufleute spendierten. Die dem Rathaus benachbarte Kirche ist geradezu eine Demonstration des Einflusses und der Finanzkraft lübischer Kaufmannsfamilien im Spätmittelalter. Lübeck war die Königin der Hanse. So kann es auch nicht verwundern, wenn die

Hansetage zumeist im Rathaus – dem Zentrum der hanseatischen Macht - veranstaltet wurden. Der erste Hansetag wurde 1356 abgehalten. Der damalige Ratssaal hatte eine Grundfläche von 400 Quadratmetern und war sieben Meter hoch. Dieser große Raum wurde später aber in einzelne Büroräume umfunktioniert.

Der Hansetag war das zentrale und gleichzeitig das einzige übergeordnete Beschlussorgan der Städte-Hanse. Hier trafen die Abordnungen der Hansestädte die großen Entscheidungen über das gemeinsame Vorgehen. Da die Hansetage nicht regelmäßig abgehalten werden konnten, vertrauten viele Städte auf die Beschlüsse des Lübecker Rats, wenn wichtige Entscheidungen im gemeinsamen Interesse zu treffen waren, die nicht den Aufschub bis zum nächsten Hansetag duldeten.

Das für die Hanse immer schwierige Verhältnis zum Nachbarn Dänemark führte mehrfach zu Auseinandersetzungen. Ein großer Sieg
1370 der Hanseaten über die Dänen erzwang 1370 den Frieden von Stralsund. An exponierter Stelle des Friedensvertrags prangte natürlich das Siegel von Lübeck. Macht, Einfluss und Anerkennung der Stadt waren auf ihrem Höhepunkt. Mit bis zu 30.000 Einwohnern war Lübeck für mittelalterliche Dimensionen eine Großstadt. In deutschen Landen war zu dieser Zeit lediglich Köln noch etwas größer. Lübeck gehörte zu den fünf Metropolen des Kaiserreichs, zusammen mit Rom, Florenz, Pisa und Venedig.

Doch der so genannte Höhepunkt markiert gleichzeitig immer auch den Wendepunkt. Der allmähliche Abstieg Lübecks setzte Anfang des 15. Jahrhunderts ein. Die Zeit war, wie in anderen Hansestädten auch, von inneren Unruhen gezeichnet. Die Zeit schien reif für Reformen. Die Dominanz der reichen Kaufmannsfamilien wurde von anderen Ständen infrage gestellt. Insbesondere die Handwerker wollten mit eigenen Repräsentanten im Rat vertreten sein. Unter dem Druck flüchtete der Lübecker Rat, und es kam zu einer Neubildung des höchsten Gremiums. Andere Hansestädte mischten sich ein, und wenige Jahre später wurde der alte Rat wieder eingesetzt. Damit schien der Frieden der Stadt gesichert.

Die nächste Bedrohung kam von außen durch den mehrjährigen Krieg mit England. Die Hanseaten hatten ihre Privilegien im Englandhandel und damit ein wichtiges Absatzgebiet verloren. Im Frieden von Utrecht konnten 1447 die Probleme mit England zwar behoben werden, doch schon 1478 mussten auf Anordnung von Moskau die Hanse-Kontore in Nowgorod schließen. Im abermaligen Streit mit Dänemark gingen Teile Holsteins verloren. Beides hatte erhebliche wirtschaftliche Folgen. Da der Einfluss Lübecks auf der ökonomischen Vormachtstellung basiert hatte, schmolz die Bedeutung der Metropole für die Hanse.

Lübeck, Salzspeicher. Aufnahme aus den 1920er Jahren.

Das 16. Jahrhundert stand im Zeichen der Reformation. Der konservative Rat der Stadt musste soziale Reformen durch eine starke protestantische Bürgerbewegung hinnehmen. Damit wurde ganz Lübeck schließlich protestantisch. Der starke Mann jener Jahre war Bürgermeister Jürgen Wullenwever. Er überzeugte den Rat, die Dominanz Lübecks im Ostseeraum mit militärischen Mitteln zurück zu gewinnen. Die »Grafenfehde« bereitete diesem Versuch 1536 das Ende. Wullenwever bezahlte den erfolglosen Versuch mit dem Tod durch Hinrichtung. Wullenwever

Eine weitere Sprosse auf der Abstiegsleiter war der Siebenjährige Krieg gegen die Schweden, den Lübeck bis 1570 gemeinsam mit dem alten Erzfeind Dänemark zu gewinnen suchte. Auch dieser Versuch blieb ohne Erfolg. Aber es war nicht nur ein Abstieg Lübecks. Die Zeiten hatten sich geändert und waren neueren Orientierungen zugewandt. Im Rahmen dieses Wandels war die Reformation ein wichtiges Stichwort mit nachhaltigen Auswirkungen. Das Mittelalter war vorbei und mit ihm auch die Zeit der traditionellen Herrschaftsstrukturen. Unter dem Einfluss der Reformation veränderte sich das alte Denken. Neue Ideen und individueller geprägte Lebensvorstellungen gewannen an Raum. Die große Zeit der Hanse war vorbei.

Einen neuen wirtschaftlichen Hintergrund bot die Orientierung nach Westen. Nach der Wiederentdeckung Amerikas durch Columbus 1492 geriet der Kontinent – anders als in der Zeit der Wikinger über 400 Jahre zuvor – nicht wieder in Vergessenheit. Im Zuge des

16. und 17. Jahrhunderts wurden die Reisen über den Atlantik schon bald zu Regelverkehren. Spanier, Engländer, Portugiesen, Franzosen, Niederländer und auch Deutsche erweiterten die Kontinentalverkehre des Mittelalters zu interkontinentalen Handelswegen. Der einst so starke Ostseehandel verlagerte sich nach Westen. Aus dem geografischen Nebenmeer wurde auch ein wirtschaftliches Nebenmeer. Dadurch geriet Lübeck naturgemäß weiter ins Hintertreffen, während die Hanseschwestern Bremen und Hamburg mit ihren direkten Zugängen zur Nordsee über Weser und Elbe davon bald profitieren konnten.

Das eigentliche Ende der Städte-Hanse besiegelte der Hansetag von 1630, auf dem außer Lübeck nur noch Bremen und Hamburg präsent waren. Auch diesen Städten war klar, dass der Gedanke der Hanse vor dem Hintergrund der politischen und wirtschaftlichen Veränderungen keine Zukunft mehr haben konnte. Da sich die Umstände aber im Laufe der Zeit ja auch wieder ändern konnten, schlossen sie ein letztes Handelsbündnis, das sich jedoch nie mehr mit Leben erfüllen ließ. Es wurde erst im 20. Jahrhundert offiziell gelöst. Aber auch ohne die Hanse blieben die drei Partner große Handelsstädte. Den Begriff Hanse tragen sie noch immer stolz in ihrem Namen. Im Gegensatz zu Bremen und Hamburg verlor Lübeck jedoch 1937 seine Eigenständigkeit und wurde nach dem 2. Weltkrieg in das Bundesland Schleswig-Holstein integriert.

Altstadt Das Holstentor bietet dem Besucher den markantesten und eindrucksvollsten Zugang zur Lübecker Altstadt. Im Inneren seiner stabilen Mauern findet sich eine Dauerausstellung mit dem bezeichnenden Titel »Die Macht des Handels«. Alle großen Kirchenbauten in Lübeck sind sehenswert. In der im Inneren neu gestalteten Petrikirche führt ein Fahrstuhl in den Turm hinauf. Die Plattform unterhalb des Dachstuhls bietet einen hervorragenden Blick über die Stadt. Die Jakobikirche birgt in einem Seitenschiff die Relikte eines Rettungsbootes der Viermastbark »Pamir«, die 1956 in einem schweren Sturm im Atlantik sank. Von der gewaltigen Marienkirche, vom Rathaus und vom Dom war bereits die Rede. Das Heiligen-Geist-Hospital, wo man in kleinen Holzkabinen (Kabäusterchen) wohnen konnte, und das Haus der Schiffergesellschaft, die Katharinenkirche, Burgkloster und Burgtor, sind weitere Höhepunkte in der Altstadt, deren Reichtum an Sehenswürdigkeiten kaum aufzuzählen ist. Der Bau des **Burgkloster** Burgklosters begann im Jahr 1227. Es gehört zu den architektonischen Spitzenleistungen des Mittelalters.

Hamburg
das Tor zur Welt

Hamburg liegt an der Elbe. Das war nicht immer so. Die erste Siedlung entstand im achten Jahrhundert am Ufer des kleinen Nebenflusses Alster. Der altsächsische Begriff für Ufer war »Ham«. Am diesem Ham der Alster wurde die Hammaburg gebaut, Namensstifterin für die stolze Großstadt der Gegenwart mit über 1,7 Millionen Einwohnern. Kirchlichen Quellen zufolge traf im Jahr 834 Bischof Ansgar in Hammaburg ein und wurde zum neuen Herrn. Neun Jahre später fielen die Wikinger jedoch über die Siedlung her und schlugen Ansgar in die Flucht. Dadurch wurde Bremen Zentrum der nordischen Christianisierung.

Ansgars Nachfolger blieben in Bremen, weil der Ort als sicherer galt. Erst mit Erzbischof Adaldag kam Hamburg wieder ins Spiel. Durch politische Umstände begünstigt konnte er Hamburg das erste wichtige kaiserliche Privileg (Otto I.) in Form der Gerichtsbarkeit verschaffen. Er hatte Kaiser Otto als Berater auf einem Feldzug nach Italien begleitet (961 bis 965). Dabei wurde Pabst Benedikt V. abgesetzt und in Hamburg inhaftiert. Auf diesen unfreiwilligen Besuch des bereits abgesetzten Pabstes begründeten die Hamburg mehrere angebliche Privilegien. Kaiser Otto wies 966 dem Herzog von Sachsen Hamburg als Residenz zu, was die Eigenständigkeit der Stadt gegenüber dem Erzbischof stärkte und eine wichtige Grundlage für die weitere Entwicklung war.

Die eigentliche Freiheit der Stadt wird später mit zwei Urkunden aus den Händen Graf Adolfs III. (Gründungsprivileg) und des nachfolgenden Barbarossa-Privilegs Kaiser Friedrichs I. mit dem Datum vom 7. Mai 1189 begründet. Beide Urkunden aber, so wies der Historiker G. Theuerkauf nach, sind Fälschungen. Das aber liegt alles schon so lange zurück, dass der Nachweis der Fälschung nur von den Historikern mit Interesse wahrgenommen wurde, im Bewusstsein der Hamburger aber keinen Niederschlag mehr fand. Für sie gilt das Barbarossa-Privileg unverändert.

Jedenfalls wurden seinerzeit damit »Tatsachen« geschaffen, die der Stadt gut bekommen sind. Das ständige Wachstum dehnte die alte Siedlung immer weiter aus, zunächst bis zum Ostufer der Elbe. Später wuchs die Stadt auch auf die Westseite hinüber, so dass Hamburg schließlich auf eine Fläche von 755 Quadratkilometer in der Gegenwart anwuchs. Eine Attraktion für die Besucher ist immer auch der Hafen, der mitten in der Stadt liegt. Eine Hafenrundfahrt gehört praktisch zum Pflichtprogramm des Besuchers. Mit über 100 Millionen Tonnen Gütern pro Jahr ist Hamburg der größte deutsche Seehafen.

Die Binnenländer sehen Hamburg vielfach als Stadt an der Nordsee, doch davon ist sie 100 Kilometer weit entfernt. Nur das immer wieder vertiefte Fahrwasser der Elbe bietet den Zugang zur Nordsee. Die großen Containerschiffe der Gegenwart sind jedoch auf die Flutwelle angewiesen, um den Hamburger Hafen erreichen oder verlassen zu können. Das bereitet den Hamburgern Kopfschmerzen, weil die Schiffe noch größer werden und die Stadt immer schwieriger erreichbar ist. Deshalb ist eine weitere Vertiefung des Fahrwassers beim Bund beantragt. Das aber ist ein extrem teures Unterfangen, ruft auch die Umweltschützer auf den Plan und bedarf zudem der Zustimmung der Elbanrainer-Länder Niedersachsen und Schleswig-Holstein. Eine Alternative wäre, am tieferen Wasser der Elbmündung in Cuxhaven ein neues Containerterminal zu bauen oder sich an dem großen Terminal zu beteiligen, dass demnächst in Wilhelmshaven entstehen soll. In jedem Fall braucht Hamburg eine Lösung für dieses Problem, um seine starke Position als Welthafen auch in Zukunft behaupten zu können.

Hamburg hat noch einen interessanten Superlativ zu bieten – nämlich den der Stadt mit den meisten Brücken in Europa. Die Lage im Schnittpunkt der Flüsse Alster, Bille, Norder- und Süderelbe sowie zahlreicher Kanäle, von denen die Stadt durchzogen ist, hat zum Bau von rund 2.500 Brücken geführt. Das stellt Städte wie Venedig oder Amsterdam glatt in den Schatten. Die unglaubliche Vielfalt lässt sich am besten bei einer Fahrt über die Alster und durch das Geflecht der teils romantischen Kanäle erleben. Aber auch das Hafengebiet mit der alten Speicherstadt ist überreich an Brückenbauwerken. Das große Gewässer im Herzen der Stadt, die Alster, ist erst durch das Aufstauen des Flusses entstanden. Um die Außenalster herum finden sich heute die attraktivsten Bauten in Hamburgs Zentrum. Dazu gehören die stattlichen Villen, in denen entweder wohlhabende Familien oder aber die zahllosen Konsulate der Stadt residieren. An der Binnenalster liegen die schönsten City-Hotels und zahlreiche Luxusgeschäfte. Von der Binnenalster sind es nur wenige Schritte bis zum prachtvollen Rathaus der Stadt.

Wer in Hamburg allerdings auf den Spuren des Mittelalters wandeln möchte, der wird eher enttäuscht, denn der große Brand von

Stadtansicht von Hamburg, um 1680.

1842 hat weite Teile der alten Stadt zerstört. Zwei Straßen mit den bezeichnenden Namen »Brandanfang« und »Brandende« markieren die Grenzen des verheerenden Feuers. Ein sehenswertes Relikt ist jedoch die Cremon-Halbinsel mit dem Nikolaifleet nahe der Speicherstadt. Dort hat der Hamburger Hafen seine Wurzeln. Die schmalen Straßenzüge mit ihren alten Wohn- und Speicherhäusern vermitteln zumindest einen kleinen Eindruck der Jahrhunderte vor dem Brand. Die Deichstraße bietet das einzige historische Speicherensemble der Stadt. Deichstraße

Hamburgs Beitrag zur Städte-Hanse ist durch eine Sonderstellung geprägt. Einerseits waren Hamburg und Lübeck gewissermaßen die Vorreiter des Bundes, andererseits gab es auch Konflikte zwischen den beiden Städten. Aber auch mit anderen Hansestädten gab es Probleme. Ein Grund dafür liegt in der verkehrsgeografischen Position der Elb-Metropole. Die Interessenschwerpunkte Lübecks und der wendischen Städte lagen zunächst in der Ostsee, während Hamburg sich über Elbe und Nordsee stärker in Richtung Westen orientierte. 1367 schloss sich Hamburg nicht der »Kölner Konföderation« gegen Dänemark an. Gerade mit Dänemark hatte die Hanse immer wieder Auseinandersetzungen. Der starke Nachbar im Norden wurde als Erzfeind und sogar »Schicksalsmacht« der Hanse bezeichnet. Gegen diesen Widersacher nicht gemeinsam ein zu stehen, forderte natürlich den Groll Lübecks heraus. Erst nach dem zweiten

Krieg gegen den Dänenkönig Waldemar IV. schloss Hamburg sich widerstrebend dem Kölner Bund an. In der Folgezeit glättete sich das Verhältnis zu Lübeck, untermauert durch Freundschafts- und Bündnisverträge. Hamburg wurde zu einem wichtigen Bindeglied der Ost-West-Verkehre.

Die Westorientierung verstärkte Hamburg durch Privilegien in Flandern und England. Die Kaufleute der Stadt waren in den Kontoren London und Brügge ebenso präsent wie in Amsterdam und in Skandinavien. Zudem wurden etliche Niederlassungen gegründet. Ein Schwerpunkt war dabei Ostengland. Hamburg war ein Spiegel des hanseatischen Handels. Stockfisch, Tran und Tierhäute aus Norwegen liefen ebenso durch die Hände Hamburger Kaufleute wie Pelze und Wachs aus Russland, Öl, Wein und Gewürze aus dem Süden oder englische Tuche. Für alle Produkte fungierte Hamburg als große Drehscheibe zwischen Ost und West, zwischen Nord und Süd.

Die Lage an der Unterelbe begünstigte aber nicht nur den Fernhandel mit dem Ausland. Hamburg entwickelte sich auch zum Hauptstapel- und Umschlagsplatz für viele Güter aus dem Binnenland, insbesondere aus Braunschweig, Magdeburg, dem Raum Brandenburg und Lüneburg. Ein wichtiges Handelsgut war Getreide, wobei Hamburg zeitweise den großen Handelsplätzen Amsterdam und Danzig fast ebenbürtig war. Dazu wurde Bauholz aus dem brandenburgischen ebenso gehandelt wie die Metalle Eisen, Blei, Kupfer und Zinn, die im Raum Braunschweig gewonnen wurden. Die Metalle verblieben allerdings größtenteils in der Stadt und wurden von ansässigen Handwerksbetrieben verarbeitet. Hamburg galt auch als das **Brauereien** »Brauhaus der Hanse«. Zeitweise sorgten rund 500 Brauereien für einen florierenden Export. Der wirtschaftliche Aufstieg Hamburgs sprach sich herum und zog immer mehr Menschen in die Stadt. Von etwa 8.000 Einwohnern um 1375 verdoppelte sich die Zahl bis 1450 auf rund 16.000. Andere Quellen nennen sogar 20.000 Einwohner.

Jedenfalls war Hamburgs Bedeutung für die Städte-Hanse groß. In der Rangfolge sah sich die Stadt nach Lübeck und Köln als die Nummer 3 des Bundes. Diesen Rang beanspruchte allerdings auch Bremen immer wieder für sich, so dass es auf den Hansetagen mehrfach Streitigkeiten um die Sitzordnung gab. Der alte Zwist um die Rangordnung sitzt tief, und selbst die Jahrhunderte haben seine Wurzeln nicht ziehen können. Der überkommene Konkurrenzneid ist in beiden Städten immer noch spürbar. Dabei könnte sich Hamburg selbstbewusst im Licht der folgenden Entwicklung sonnen. Man hat heute die wesentlich größere Stadt und den wesentlich größeren Hafen. Den gut 1,7 Millionen Einwohnern stehen lediglich knapp 660.000 in der Weser-Metropole gegenüber und auch der jährliche

Hafenumschlag liegt mit über 100 Millionen Tonnen deutlich über den Bremer Zahlen, die nur auf etwa die Hälfte davon kommen. Diese Unterschiede entstanden aber erst in der Neuzeit, insbesondere mit der Industrialisierung ab dem 19. Jahrhundert.

Die beginnende Neuzeit bringt eine zunehmende Verlagerung der alten europäischen Fernhandelsströme mit sich. Nach der Wiederentdeckung Amerikas setzt in der zweiten Hälfte des 16. Jahrhunderts der atlantische Handel ein. Davon sind die Nordsee- und Atlantikanrainer naturgemäß stärker begünstigt als die alten Handelsplätze im Ostseeraum. Viele Hansestädte waren davon betroffen, insbesondere auch Lübeck. Zu den großen Gewinnern gehörten neben Spanien und Portugal vor allem England und die Niederlande. Aber auch Bremen und Hamburg konnten stark an der neuen Entwicklung partizipieren. Das Ende der Hansezeit hat beiden Städten nicht geschadet. Im Vergleich zu den meisten anderen Hansestädten kann Hamburg eine besonders erfolgreiche wirtschaftliche Entwicklung vorweisen. Die Größe der Stadt und die politische Eigenständigkeit als »Freie und Hansestadt Hamburg« im Gefüge der 16 deutschen Bundesländer sprechen für sich.

Fleet mit Nikolaikirche, aufgenommen in den 1920er Jahren.

Bremen
hat den Schlüssel zur Welt

Argwöhnisch blickt so mancher Bremer in Richtung Hamburg. Während der große Rivale an der Elbe seine Stadt und seinen Hafen als das »Tor zur Welt« bezeichnet, hat man in Bremen angeblich den »Schlüssel zum Tor der Welt«. Diese Sicht leitet sich aus den Wappen der beiden Städte ab. Hamburg hat ein weißes Tor auf seiner ansonsten schlicht roten Fahne, und Bremen führt einen Schlüssel in seinem Wappen. Es ist der Schlüssel von St. Petrus, dem Schutzheiligen des Doms, der seit 1366 im Wappen geführt wird. Die rot-weiß gestreifte Bremer Fahne heißt im Volksmund von alters her »Speckflagge« – eine Anspielung auf den hanseatischen Wohlstand der Freien Hansestadt, wo sich die Bürger angeblich jeden Tag Speck zu ihren Mahlzeiten leisten konnten. Wirklich zu beklagen haben beide Städte im Grunde auch heute nichts, denn sie gehören in der Rangliste der EU-Städte hinsichtlich des Pro-Kopf-Einkommens zur Spitzengruppe.

Dabei hat Bremen allerdings ein Problem. Während das Bundesland Hamburg eine kompakte Großstadt ist, besteht das Bundesland Bremen aus den beiden Städten Bremen und Bremerhaven, die durch rund 65 Kilometer niedersächsisches Gebiet voneinander getrennt sind. Bremerhaven hat einen eigenen Magistrat und einen Oberbürgermeister, von denen die Geschicke der Stadt gelenkt werden. Als junge Tochter fühlt sich Bremerhaven in der Landespolitik der großen Mutter Bremen immer benachteiligt. Tatsächlich gehört Bremerhaven zu den strukturschwachen Regionen mit hoher Arbeitslosigkeit. Das einzige, was dort zurzeit wirklich gut läuft, ist der Hafen. So gehört Bremerhaven zu den 20 größten Containerhäfen der Welt und hält als Autohafen einen der absoluten Spitzenplätze.

Das Überseehafengebiet in Bremerhaven gehört allerdings der Stadt Bremen. Die geografische Trennung des Bundeslandes ist historisch bedingt und wurde im Zuge der Neuordnung der Bundesrepublik nach dem 2. Weltkrieg in etwas erweiterten Grenzen beibehalten. Bremen hatte Anfang des 19. Jahrhunderts vom Königreich

Bremen: altes Hafenquartier an der Weser (Wichelnburg), das im Krieg zerstört wurde. Aufnahme aus den 1930er Jahren.

Hannover ein Stück Land an der Wesermündung gekauft und dort ein künstliches Hafenbecken angelegt – den Bremer Haven, die Keimzelle Bremerhavens. Dieses Hafenbecken ist heute der Museumshafen, an dem auch das Deutsche Schifffahrtsmuseum liegt. Der Bau des Hafens an der Wesermündung war notwendig, weil die Unterweser so versandet war, dass größere Schiffe Bremen nicht mehr erreichen konnten. Das änderte sich erst gegen Ende des 19. Jahrhunderts wieder, als es große Schwimmbagger gab, mit denen die freie Zufahrt nach Bremen wieder gesichert werden konnte. Zeitgleich entstand in Bremen der Freihafen I – fertig gestellt 1888 und damals mit 1.800 Metern Länge das größte Hafenbecken der Welt.

Freihafen I

Die Freie Hansestadt Bremen ist mit 404 Quadratmetern Grundfläche und knapp 660.000 Einwohnern das kleinste Bundesland. An der Spitze steht der Bürgermeister und Präsident des Senats. Über ihre Selbstständigkeit wachen die Bremer seit über 1.000 Jahren mit Argusaugen. 787 wurde Bremen durch Karl den Großen Bischofssitz. 965 verlieh Kaiser Otto I. der Siedlung die Privilegien Marktrecht, Marktzoll, Marktgericht und Münzrecht – die Basis für die städtische Freiheit. Zudem beruft sich die Freie Hansestadt auf eine Urkunde Friedrich Barbarossas aus dem Jahr 1186. Diese Urkunde bestärkte den Unabhängigkeitswillen der Stadt gegenüber dem Erzbischof. Zum Dank begleiteten Bremer den Staufen-Kaiser auf dem dritten Kreuzzug 1189 ins Mittelmeer.

Anfang des 13. Jahrhunderts hatte Bremen bereits bis zu 15.000 Einwohner und erstmals einen eigenen Rat, der gegenüber dem Erzbischof zunehmend auf die Selbstbestimmung der Stadt pochte. Der

Roland

Anspruch ist seit 1404 in dem stattlichen steinernen Roland auf dem Marktplatz sichtbar, der selbstbewusst dem Dom die Stirn bietet. Ein Jahr später wurde mit dem Bau des Bremer Rathauses begonnen. Die Darstellungen des Kaisers und der Kurfürsten an der Fassade verdeutlichte abermals den Machtanspruch der Stadt gegenüber der Kirche. 1433 erneuerte Bremen sein Stadtrecht. Obwohl die Stadt noch nicht Freie Reichsstadt war, wurde sie ab 1461 zu den Reichstagen eingeladen. Dem war die Bestätigung und Erweiterung der städtischen Privilegien voraus gegangen. Formal aber wurde Bremen erst 1646 durch das teuer erkaufte Linzer Diplom Kaiser Ferdinands III. Reichsstadt.

Dem Hansebund war Bremen 1358 beigetreten. Doch hinsichtlich seiner hanseatischen Vergangenheit lag die erste urkundliche Erwähnung wesentlich früher – nämlich im frühen 11. Jahrhundert, als Bremen zusammen mit Köln, Tiel und London vom Kaiser »würdig für gute Gesetze« im Handel mit England befunden wurde. Diese Urkunde ist wohl das älteste Schriftstück, das der Geschichte der Hanse zugeschrieben werden kann. 1161 folgte die Gründung der

Blick vom alten Uferhafen Schlachte auf die Weser und den gegenüberliegenden Teerhof (Foto aus den 1920er Jahren). Der Löwe gehörte zum Denkmal, das an Ludwig
Franzius erinnerte, der um 1900 die Weser wieder schiffbar machte.

»Genossenschaft der Gotland besuchenden Kaufleute«. 1180 entstand in Nowgorod das erste Auslandskontor hanseatischer Kaufleute. Bremens Beitritt zur Städte-Hanse 1358 war problematisch.
Schiffe aus Bremen hatten Kaperfahrten unternommen, und unter
den Opfern waren auch hanseatische Kaufleute aus anderen Städten
gewesen. Zudem hatten sich die Bremer im Alleingang Sonderprivi-
legien in Norwegen beschafft und ein Embargo der Hanse gegen
Flandern unterlaufen, um von der Handelssperre zu profitieren. Mehrere Städte, darunter auch Hamburg, waren gegen die Aufnahme
Bremens in den Hansebund. Mit Zugeständnissen gelang schließlich
der Beitritt. Im Grunde war es für Bremen eine Zwangsmitglied-
schaft, um Sanktionen der Hanse für das vorangegangene Verhalten
zu entgehen. Die Prüfung von Bremens Zuverlässigkeit folgte 1361
im Krieg der Hanse gegen Dänemark. Dabei stellte Bremen nur ein
Schiff. Trotz einer Niederlage im Jahr darauf konnte sich die Hanse
schließlich behaupten und 1370 den Frieden von Stralsund
schließen.

Nach dem wirtschaftlich aufstrebenden 13. Jahrhundert war das
14. Jahrhundert für Bremen, wie für die meisten Hansestädte, wirtschaftlich und politisch problematisch. Die Pest wütet in weiten Teilen Europas. Die Zuwanderungen von Neubürgern aus dem Umland
führten zu Problemen mit dem Grafen von Hoya. Hier hat wahrscheinlich das Märchen von den Bremer Stadtmusikanten seinen Ursprung. Ärger gab es mit den friesischen Häuptlingen auf der linken
Seite der Wesermündung. Hinzu kamen 1356 innere Unruhen, die Unruhen

71

von Handwerkern initiiert waren. Dem Rat gelang es jedoch, den Aufstand niederzuschlagen und die alten Machtverhältnisse zu bewahren. Einige Rädelsführer wurden geköpft, ihr Vermögen eingezogen und die Familien verbannt.

Für die Hanse war Bremen stets ein unbequemer Partner. Teile des Großbürgertums lebten von ihren umliegenden Ländereien. Sie waren auf den Handel nicht angewiesen. Das galt auch für die Handwerker. Die Bremer Kaufleute verfolgten ihre wirtschaftlichen Interessen lieber im Alleingang als in der Gemeinschaft des Hansebundes – und sie waren dabei ziemlich erfolgreich. Dennoch zeigten sich die Bremer Ratssendeboten auf den Hansetagen äußerst selbstbewusst. Sie taten sich schwer, die Vormachtstellung Lübecks anzuerkennen. Schließlich war Bremen Bischofssitz, Lübeck aber nicht. Hier musste der ansonsten ungeliebte Bischof als Begründung herhalten. 1418 aber wurde das Gerangel um die Positionen der Hansestädte beigelegt. Lübeck gebührte der Mittelplatz. Auf der vornehmen rechten Seite saß Köln, gefolgt von Bremen. Hamburg durfte dafür direkt links neben Lübeck Platz nehmen.

Am gemeinsamen Kampf gegen die Seeräuber war Bremen nicht interessiert, solange sie in der Ostsee ihr Unwesen trieben. Erst als sie gegen Ende des 15. Jahrhunderts in die Nordsee abgedrängt wurden und auch in der Wesermündung Beute machten, sah sich Bremen zum Handeln genötigt. Für die hanseatische Flotte zum Kampf gegen die Likedeelers stellte Bremen aber nur eine einzige Kogge. Aber auch andere Hansestädte zeigten ein ähnliches Verhalten. Teure Gemeinschaftsaktionen wurden nur unterstützt, wenn man selbst direkt betroffen war. Die Stimmung war zeitweise so deutlich gegen die Hanse, dass keine Ratssendeboten mehr zu den Hansetagen entsandt wurden. Dies führte 1427 zur vorübergehenden Verhansung Bremens. Bald darauf wurde Bremen mit der Reichsacht belegt, die erst 1436 wieder aufgehoben wurde. Die bremische Geschichte der Hansezeit ist zudem durchzogen von einer Vielzahl regionaler, kriegerischer Auseinandersetzungen.

Der Fernhandel spielte sich damals am Weserufer ab, im Bereich des heutigen Straßenzuges »Schlachte«, während der Binnenhandel an dem Wasserlauf der »Balge« konzentriert war. Der Handel bis tief in das Binnenland lief weitgehend über Weser und deren Nebenflüsse sowie über die Quellflüsse Werra und Fulda. Güter wie Sandstein, Kalk, Holz und Getreide kamen flussabwärts nach Bremen. Fisch, Tran, Bier, Wein, Tuch, Pelze oder Erze wurden in das Binnenland verschifft. An der Schlachte entstanden ab 1574 erste Kaianlagen mit einem Kran für schwere Lasten. Auf der gegenüber liegenden Insel, dem »Teerhof«, arbeiteten Werften, Seiler und Segelmacher. Bremens Fernhandels-Schwerpunkt lag in der Nord-

Reichsacht

Schlachte

Teerhof

Das »Neue Kornhaus« von 1591 (Langenstraße). Es wurde im Zweiten Weltkrieg zerstört.

see. Die wichtigsten Handelspartner waren Holland, Norwegen und England. Lübeck, Bremen und Hamburg schlossen 1630 ein Bündnis, das nach dem historischen Ende der Hansezeit mit dem Hansetag 1669 bis in das letzte Jahrhundert hinein Bestand hatte.

Noch heute ist in der Stadt deutlich zu sehen, welche Entwicklung die städtische Freiheit trotz aller wirtschaftlichen und politischen Probleme durch die Jahrhunderte ermöglicht hat. Im Bereich der Innenstadt zeugen neben den großen Kirchenbauten auch das Rathaus sowie etliche Geschäfts- und Bürgerhäuser von der Vergangenheit. Allerdings sind die meisten der prächtigen, noch erhaltenen Profanbauten im 17. Jahrhundert entstanden. Das spätmittelalterliche Bremer Rathaus, das zu den schönsten Profanbauten Nordeuropas zählt, erhielt seine Renaissance-Fassade zwischen 1609 und 1612. Die »Stadtwaage« in der Langenstraße entstand 1588, das »Neue Kornhaus« 1591 und das Haus »Schütting« der Handelskammer 1594. Das gesamte Ensemble am Marktplatz und um den Marktplatz herum lässt sich zu Fuß bequem erschließen. Auch der Weg zum ehemaligen Hafen an der Schlachte mit dem gegenüberliegenden Teerhof ist in wenigen Minuten durch die reizvolle Böttcherstraße zu erreichen, deren geschlossene Gestaltung im letzten Jahrhundert erfolgte. An der belebten Schlachte liegen heute Museums- und Ausflugsschiffe.

Wer echte Hafenluft schnuppern möchte, der muss nach Bremerhaven fahren. Dort entstanden am tiefen Wasser der Wesermündung ab Ende der 1960er Jahre die modernen Hafenanlagen, die heute so große Bedeutung für Bremen haben. Bremen steht bis heute sehr stark in der Tradition des Handels. Es gibt zwar moderne Industrien wie etwa die Automobil-, die Nahrungs- und Genussmittel- sowie die Luft- und Raumfahrtindustrie, der Außenhandel aber ist der dominante Wirtschaftsfaktor geblieben. Fast ein Drittel des Bruttoinlandsproduktes wird durch die Bereiche Häfen und Außenhandel erwirtschaftet.

Marginalien:
Rathaus
Stadtwaage
Kornhaus
Schütting
Bremerhaven

Wismar

Wismar ist aufgrund des Reichtums an historischen Bauwerken seit 2002 Weltkulturerbe. Die Türme der drei großen Hauptkirchen St. Marien, St. Nikolai und St. Georgen überragen alle anderen Gebäude der Stadt. Von der ab 1250 errichteten Marien-Kirche steht allerdings nur noch der 80 Meter hohe Turm, denn das eigentliche Bauwerk wurde im 2. Weltkrieg beschädigt, der verbliebene Rest 1960 gesprengt und die Trümmer fortgeschafft. Der Turm aber vermittelt noch einen Eindruck der ehemaligen Größe dieses Sakralbaus, der einst zu den schönsten gotischen Backsteinkirchen im norddeutschen Raum gehörte. Die St. Nikolai-Kirche entstand ab 1380. Das Mittelschiff hat eine Höhe von 37 Metern. Im Gegensatz zu St. Marien wurde die ebenfalls im 2. Weltkrieg beschädigte St. Georgen-Kirche ab 1990 wieder aufgebaut. Der Baubeginn von St. Georgen, der Kirche der Handwerker und Gewerbetreibenden, fiel in die erste Hälfte des 13. Jahrhunderts. Sie ist ein bedeutendes Baudenkmal der Backsteingotik.

Der erste Nachweis des Namens Wismar geht auf das Jahr 1229 zurück. Doch schon zuvor war die »Wissemer«, die Wasserverbindung vom Schweriner See zur Ostsee für den See- und Binnenhandel sowie für die Fischerei genutzt worden. Schwerin war Sitz des Bischofs, und etwas südlich der späteren Stadt Wismar lag die Mecklenburg, Sitz der slawischen Fürsten. Die verkehrsgünstige Position mit Binnenwasserverbindung und Ostseeküste im Schutz der vorgelagerten Insel Poel mag das frühe Interesse Lübecks begründet haben, denn von Lübeck aus begann im späten 12. Jahrhundert eine planvolle Besiedelung – gefördert von den slawischen Fürsten, die einen eigenen Markt- und Hafenplatz brauchten, um die Kolonisierung ihres Einflussgebiets voran zu treiben.

Die Marktsiedlung entstand an der Wissemer, gegenüber der älteren Fischersiedlung. Der erste Altstadtteil wurde um St. Nikolai gebaut. Zwei weitere Stadtteile, um St. Marien und um St. Georgen, kamen später hinzu. Von 1256 bis 1358 war die Stadt Residenz der mecklenburgischen Herrscher, die ihren Sitz dann nach Schwerin, der heutigen Landeshauptstadt Mecklenburg-Vorpommerns, verlegten. 1259 sicherten sich Lübeck, Wismar und Rostock vertraglich den gegenseitigen Schutz ihrer Handelsverbindungen zu. Schon 1226 hatte Wismar das lübische Stadtrecht übernommen. Ab 1256 zierte eine Kogge das Stadtsiegel. Wismar war das Zentrum der wendischen Regionaltage und mehrfach Veranstaltungsort von Hansetagen. Die junge Stadt erlebte eine aufstrebende Entwicklung, die erst in der zweiten Hälfte des 15. Jahrhunderts endete.

Erste Handelsverbindungen nach Flandern und England gab es ab 1271. In Lübeck, Rostock, Wolgast, Riga, Danzig, Wisby und Stockholm genossen Wismarer Kaufleute Zollfreiheit. Wismars Hauptausfuhrgut war Bier, das in den zahllosen Brauereien der Stadt entstand und vorwiegend an die Nordseeanrainer verkauft wurde. Um die Mitte des 15. Jahrhunderts gab es 182 Bierbrauer in der Stadt. Hinzu kamen landwirtschaftliche Produkte aus dem Umland sowie einfache Leinen- und Wolltuche. Gehandelt wurde mit den feinen Tuchen aus Flandern, englischer Wolle, westfälischen Metallerzeugnissen, schonischem Fisch, französischem und lüneburgischem Salz sowie Weinen vom Rhein, aus Frankreich, Spanien und Portugal. Aus den Gebieten an der östlichen Ostsee kamen Pelze und Wachs, Honig, Holz, Asche und Teer.

Ernste Probleme mit dem Hansebund kamen Ende des 14. Jahrhunderts auf Wismar und auf Rostock zu. Beide Städte wurden zu Piratenstützpunkten. In Erbschafts- und Thronfolgestreitereien mit den skandinavischen Nachbarn hatten die mecklenburgischen Landesherren die Seeräuber zur Unterstützung angeworben. Die Seeräuber beschränkten sich aber nicht nur auf dänische und norwegische Schiffe, sondern nahmen bald auch hanseatische Schiffe aufs Korn. 1393 überfielen sie sogar das Hansekontor in Bergen. Dennoch verlangten Wismar und Rostock 1394 die Unterstützung der anderen Hansestädte für den Krieg gegen Dänemark. Das war ziemlich dreist, und die Hanse strich den beiden Städten die hanseatischen Privilegien. Das hieß, Wismar und Rostock wurden vorübergehend aus der Gemeinschaft ausgeschlossen.

Der berüchtigte Klaus Störtebeker mag unter den Piraten gewesen sein, die im Auftrag der Mecklenburger Landesherren fremde Schiffe kaperten. In den schriftlichen Quellen dazu ist er aber ebenso wenig erwähnt wie der nicht minder berüchtigte Gödeke Michels. G. Michels Führende Rollen können beide zu dieser Zeit also noch nicht gespielt haben. Sehr gut möglich aber ist, dass Wismar die Geburtsstadt von Klaus Störtebeker war. Immerhin taucht er 1380 in den Gerichtsak- Störtebeker ten Wismars als Opfer einer Schlägerei auf, was ja auch durchaus zu seinem Ruf als Rauf- und Saufbold passt.

Lübsche Straße in Wismar.

Im gleichen Jahr entstand das älteste heute noch bestehende Bürgerhaus der Stadt. Es steht am Marktplatz und hat den Namen »Alter Schwede«. Der Marktplatz hat mit seiner Grundfläche von 10.000 Quadratmetern eine für mittelalterliche Verhältnisse gewaltige Dimension. An der Nordseite liegt das alte Rathaus, dass seit 1819 allerdings eine klassizistische Fassade hat. Ebenfalls sehenswert ist das alte »Stadthaus«. Wismars Markt war aber nicht nur Handelsplatz, sondern auch Fest- und Turnierplatz und nicht zuletzt auch Hinrichtungsstätte. Die berühmtesten Opfer waren Bürgermeister Johann Bantzekow und Ratsherr Hinrik van Haren. Sie wurden 1427 im Zuge eines Aufstands der Handwerker des Verrats bezichtigt und enthauptet.

Der Blickfang auf dem großen Marktplatz ist der Renaissance-Brunnen, Wasserkunst genannt. Sie trägt ihren Namen zu Recht, denn sie diente ab 1602 fast 300 Jahre lang nicht nur der zentralen Wasserversorgung der Stadt, sondern wurde von dem niederländischen Steinmetz Phillipp Brandin von Anfang an als Kunstwerk geplant. Ihr heutiges Erscheinungsbild aber hat die Wasserkunst erst 1861 im Rahmen eines erforderlichen Umbaus erhalten. Das alte Bauwerk war vom Einsturz gefährdet und die ehemals hölzernen Zuleitungen weitgehend zerstört. Ebenfalls der Wasserversorgung diente die »Grube«, einer der ersten in Deutschland künstlich angelegten Wasserläufe, der durch die Stadt führt.

Alter Schwede

Stadthaus

Wasser-kunst

Wismar umgab einst eine vier Meter hohe Stadtmauer, die ab 1276 entstand. Mit dem Endausbau hatte sie fünf Stadttore und 36 Einzelhäuser. Allein erhalten ist noch das mit Wappen geschmückte Wassertor zum alten Hafen hin, das 1450 und 1600 (Nordgiebel) gebaut wurde. Mittelalterliche Bauwerke gibt es abgesehen von den Sakralbauten in Wismar nur noch wenige. Zu den schönsten Relikten gehört das Archidiakonat von 1450 am Marienkirchturm, das nach dem 2. Weltkrieg rekonstruiert wurde. Das Haus »Zum Weinberg« entstand 1355, erhielt aber im 16. Jahrhundert eine Umgestaltung im Stil der Renaissance. Noch in die Hansezeit fiel der Bau des Fürstenhofs, dessen ältester Teil im frühen 16. Jahrhundert entstand. Das Zeughaus aus dem Jahr 1700 ersetzte einen Vorgängerbau, der zuvor durch die Explosion des Pulverturms zerstört worden war. Das **H. Schabbel** Schabbelhaus war ab 1571 Wohnhaus von Hinrich Schabbel, der später Bürgermeister von Wismar wurde. Es ist eines der ältesten Renaissancehäuser im Ostseeraum. Ein sehr schönes Ensemble von ehemaligen Speichern und Brauhäusern bietet die Scheuerstraße mit Stilelementen von der Gotik bis zum Klassizismus.

Zu den Blütezeiten der Hanse hatte Wismar etwa 8.000 Einwohner. Heute sind es rund 45.000. Der Hafen hat im Gegensatz zur Hansezeit keine zentrale Bedeutung mehr für die wirtschaftlichen Geschicke der Stadt. Zu DDR-Zeiten war Rostock der Überseehafen des Landes mit direkter Autobahn und elektrifizierter Eisenbahnverbindung nach Berlin. Mit lediglich knapp drei Millionen Tonnen Güterumschlag im Jahr spielt Wismar aber eine gewisse Rolle für die Regionalverkehre der Ostsee. Zu den Hauptgüterarten gehören Holz, Eisen und Stahl. Ökonomisch größere Bedeutung hat heute die Industrie mit den Branchen Schiffbau und Schiffbauteile, Stahl- und Maschinenbau, sowie Möbel und Autoteile, Medizin, Solar- und Sensortechnik.

Poeler Ein neues Highlight in Wismar ist der Nachbau der Poeler Kogge.
Kogge Die Reste des Originals wurden 1999 vor der Ostseeinsel Poel entdeckt. Als Baujahr konnte aufgrund der verwendeten Hölzer 1354 ermittelt erden. Die Poeler Kogge unterscheidet sich von der schon früher entdeckten Bremer Kogge. Sie ist größer und zeigt andere Konstruktionsmerkmale. Wahrscheinlich hat es seinerzeit einen besonderen baltischen Koggen-Typ gegeben, der zuvor nur von alten Siegeln her bekannt war. Der erste Kontakt der »Wissemara« mit dem Wasser erfolgte zu Pfingsten 2004. Die Kogge hat als Museumsschiff ihren festen Liegeplatz als Blickfang im alten Stadthafen.

Rostock

Das älteste historische Zentrum ist die östliche Altstadt. Sie umfasst das Gebiet zwischen der Nikolaikirche und der St. Petri-Kirche mit ihrem 117 Meter hohen Turm. Der Bau der Nikolaikirche begann um 1230, während St. Petri im 14. Jahrhundert entstand. Die Namen der beiden großen Sakralbauten verdeutlichen noch heute die enge Verbindung der Stadt zur Seefahrt und zur Fischerei. Beide Kirchen wurden im 2. Weltkrieg stark in Mitleidenschaft gezogen, aber im Laufe der Zeit wieder restauriert. Im Gegensatz zu St. Petri wird die Nikolaikirche aber nicht als Gotteshaus genutzt, sondern als Veranstaltungsraum. Die historische Struktur der Altstadt ist zwar noch zu erkennen, die alten Bürgerhäuser und Speicherbauten stammen jedoch ohne Ausnahme aus der Zeit zwischen dem 16. und dem 19. Jahrhundert. Die ältesten Straßenzüge sind »Beim Waisenhaus«, »Beim St. Katharinenstift« und »Amberg« im Bereich des alten Marktes.

Sehenswert ist das St. Katharinenstift, ursprünglich ein Franziskanerkloster aus dem 13. Jahrhundert. Es hat seine Funktion mehrfach verändert, wurde Schule, Waisenhaus, Krankenhaus, Altersheim und schließlich Neurologische Klinik, bevor die umfassende Renovierung und Erweiterung zum Sitz der Musikhochschule begann. Mit dem Kloster zum Heiligen Kreuz nahe der Universität hat Rostock noch einen zweiten mittelalterlichen Komplex zu bieten. Das ehemalige Nonnenkloster der Zisterzienser war im 13. Jahrhundert von der Dänenkönigin Margarethe I gegründet worden. Es beherbergt heute das Kulturhistorische Museum. Weitere mittelalterliche Spuren bietet das im heutigen Stadtzentrum gelegene Kröpeliner Tor aus dem 13. Jahrhundert, an das über 400 Meter Stadtmauer anschließen. Von den einst 22 Stadttoren existieren neben dem Kröpeliner Tor noch das Kuhtor und das Steintor, einst Hauptzugang zum mittelalterlichen Rostock. Das Rathaus mutet etwas eigenartig an. Es entstand ursprünglich aus drei verschiedenen Häusern. Eine gotische Fassade mit sieben Türmchen machte die drei Häuser optisch zu einem Gebäude. Im 18. Jahrhundert entstand ein barocker Vorbau, der heute das Erscheinungsbild prägt.

Kröpeliner Tor

79

Der Name Rostock geht auf die slawische Burgsiedlung Roztoc zurück, die wahrscheinlich südlich der östlichen Altstadt am Flusslauf der Warnow lag. Im Gegensatz zu seinen Nachbarstädten Wismar und Stralsund liegt Rostock nicht unmittelbar an der Ostseeküste, sondern 12 Kilometer tief im geschützten Hinterland, mit dem Meer durch die Warnow verbunden. Vorposten an der Küste ist Warnemünde. Den früheren Fischerort und das Westufer der Warnow kauften die Rostocker schon 1323 ihrem mecklenburgischen Landesherrn ab, um sich den Zugang zur See zu sichern. Im 19. und 20. Jahrhundert entwickelte sich Warnemünde zum eleganten Seebad mit der für die Ostsee typischen Bäderarchitektur.

Die Keimzelle Rostocks, die alte Burgsiedlung, soll 1161 im Zuge der Christianisierung Mecklenburgs und Pommerns durch das Heer des Dänenkönigs Waldemar I. zerstört worden sein. Einige Jahre später wurde das Gebiet für neue Siedler aus dem Westen geöffnet. Damit kamen Bauern, Handwerker und Kaufleute aus Niedersachsen, Westfalen und Holstein in die Region. Am Westufer der Warnow entstand eine neue Siedlung. Ihr wurde 1218 das Lübische Recht verliehen, was die eigentliche Grundlage für eine schnelle Entwicklung der Siedlung bildete. So entstanden zusätzlich zur östlichen Altstadt ab 1232 zwei weitere Siedlungen – die Mittelstadt und später um die Jacobikirche die Neustadt, die jedoch in den 1950er Jahren den Baggern zum Opfer fiel. Rostock war 1259 gemeinsam mit Lübeck und Wismar Gründungsmitglied des wendischen Bundes der Hanse. Die drei Siedlungen Rostocks wurden 1265 vereinigt. Ein gemeinsamer Rat, Gericht und Marktplatz konzentrierten sich in der Mittelstadt am Neuen Markt. Ab 1290 war die Stadt durch die Stadtmauer geschützt, die bis in das 19. Jahrhundert hinein die Grenzen der Stadtsiedlung bildete. Der vom Handel geprägte Wohlstand der aufstrebenden Stadt führte 1419 zur Gründung der ersten Universität Nordeuropas. Als »Leuchte des Nordens« (lumen vandaliae) wurde sie weit über die regionalen Grenzen hinaus zu einem Zentrum der Wissenschaft. Auf dem dreieckigen Universitätsplatz steht das Blücher-Denkmal. Der legendäre Feldherr wurde 1742 in Rostock geboren.

Der Fernhandel Rostocker Kaufleute mit England ist seit 1262 erwiesen. Bereits fünf Jahre zuvor trieben Kaufleute aus Riga Handel in Rostock. Die verkehrsgünstige Lage an einem Landhandelsweg und der offene Zugang zur See waren im Grunde kennzeichnend für alle Hansestädte entlang der Küste. So war auch Rostock ein für den Handel prädestinierter Standort und verdankte sein wirtschaftliches Wohl im Spätmittelalter weitestgehend der Mitgliedschaft im Hansebund. Hauptstoßrichtungen der Rostocker Kaufleute waren Livland, Schweden und Norwegen. Die Warenpalette war sehr ähnlich struk-

(Fortsetzung auf Seite 97)

»Wasserkunst« auf dem Marktplatz in Wismar.

Hafen von Wismar mit Speicherbauten aus dem 19. und frühen 20. Jahrhundert.

Marienkirche Rostock.

Rathaus Rostock, Neuer Markt.

Rostock, Turm der Nikolaikirche.

Stralsund mit St.-Jacobi-Kirche, St.-Nikolai-Kirche und Rathaus, vom Strelasund gesehen. Die Bildvergrößerung oben zeigt den Blendgiebel des Rathauses, den man noch von der Insel Rügen erkennen kann.

Der Marktplatz von Stralsund mit St.-Nikolai-Kirche und Rathaus.

Nächste Doppelseite: Haus Wulflam am Marktplatz Stralsund (links) und altstädtischer Blick auf den Turm der St.-Jacobi-Kirche.

Greifswald: St.-Marien-Kirche (links) und gotisches Giebelhaus am Markt.

Der Hansekogge-Nachbau »Roland von Bremen« vor der Schlachte in Bremen, 2004.
Linke Seite: Ruine einer Kirche in Wisby, die die Lübecker im Jahr 1525 zerstört hatten.

Der Hansekogge-Nachbau »Roland von Bremen«.

turiert wie in der Nachbarstadt Wismar, gestützt auf Produkte wie Bier, Getreide, Mehl und andere landwirtschaftliche Erzeugnisse. Als Zwischenhändler befassten sich Wismarer Kaufleute mit Tuchen aus Flandern, Salz aus Lüneburg und aus Frankreich sowie Metallwaren aus Westfalen. Der Englandhandel ging aber durch die Konkurrenz englischer Kaufleute in der Ostsee im auslaufenden 14. Jahrhundert erheblich zurück. Schließlich beschränkte sich der Handel auf die Ostsee.

In den Erbfolgeauseinandersetzungen zwischen Mecklenburg und Schweden wurden Rostock und Wismar die Stützpunkte der Seeräuber, die für die Interessen der mecklenburgischen Herrscher auf Kaperfahrten gingen und mangels Beute schließlich auch hanseatische Schiffe nicht ungeschoren ließen. Beide Städte wurden durch einen Beschluss in Lübeck verhanst. Einen weiteren Ausschluss gab es während der städtischen Unruhen zwischen 1408 und 1416.

Von dem Bedeutungsverlust der Hanse im 16. Jahrhundert blieb auch Rostock nicht verschont. Im 30-jährigen Krieg wurde die Stadt zunächst von den Truppen des Kaisers und dann von den Schweden besetzt. Rostock erlebte eine anhaltende Phase des wirtschaftlichen Niedergangs, die erst im späten 18. Jahrhundert wieder beendet werden konnte.

Rostock hat seine staatlich gewollte Monopolstellung als Überseehafen der DDR nach der Wende 1989 verloren. Unter marktwirtschaftlichen Gesichtspunkten ließ sich eine solche Funktion nicht mehr aufrechterhalten. Die großen deutschen Drehscheiben für den Überseehandel sich Bremerhaven und Hamburg. Der moderne Seeverkehr nutzt weitgehend die Vorteile der international genormten Container, und die großen Containerschiffe laufen gar keinen Ostseehafen an, weil die Reise um Jütland herum in die Ostsee zu zeitaufwändig ist und weil die Ostseehäfen kaum genügend Wassertiefe für die Giganten der Meere bieten. Die Umladung von Containern erfolgt deshalb an Elbe und Weser. Von dort aus werden die Container zumeist mit kleineren Schiffen oder auch per Bahn und LKW in den Ostseeraum verteilt. Dennoch hat sich Rostocks Hafen nach einem anfänglichen Einbruch wieder gut entwickelt. Das Umschlagsniveau von fast 22 Millionen Tonnen im Jahr liegt heute höher als vor der Wende. Mit diesem Volumen hat Rostock als Ostseehafen erhebliche Bedeutung. Dabei spielt auch der Fährverkehr eine wichtige Rolle.

In wirtschaftlicher Hinsicht ist der Seehafen also erheblich wichtiger als dies bei den Nachbarn Wismar und Stralsund der Fall ist – gestärkt noch durch den Schiffbau und weitere maritime Wirtschaftszweige. Rostock ist es gelungen, in den 1990er Jahren mit der

ROSTOCHIV
nominis celebritate, &

Stadtansicht von Rostock (Braun/Hogenberg, spätes 16. Jahrhundert).

Hanse Sail turnusmäßig veranstalteten »Hanse Sail« ein maritimes Großereignis auf die Beine zu stellen. Die »Hanse Sail« mit ihren alten Segelschiffen und insbesondere den noch in Fahrt befindlichen Großseglern ist ein Touristenmagnet. Ökonomisch setzt die Stadt heute auf eine Diversifizierung, um die frühere einseitige Abhängigkeit vom Wasser zu reduzieren. Dazu gehören Unternehmen der Nahrungsmittelverarbeitung, Handwerk, Tourismus und andere Dienstleistungen sowie verschiedene High-Tech-Unternehmen, wobei der Medizintechnik eine besondere Bedeutung zukommt.

Megapolensis Ducatus vrbs ... demiâ prestans.

Rostock hat sich nach der Wende stark bemüht, im Wettbewerb mit der alten mecklenburgischen Residenz Schwerin Landeshauptstadt des neuen Bundeslandes Mecklenburg-Vorpommern zu werden, unterlag jedoch trotz seiner Größe – vielleicht auch, weil Rostock der Landesregierung nicht so ein schönes Schloss bieten konnte wie Schwerin. Rostock hat heute trotz der jahrelangen Rückgänge noch immer fast 200.000 Bewohner und ist damit die größte Stadt des Bundeslandes.

Stralsund

Weltkul-
turerbe Wie Wismar, so ist auch Stralsund Weltkulturerbe und steht seit
2002 auf der Liste der UNESCO. Der Beiname »Perle der Ostsee«
ist durchaus passend. Das beginnt mit der traumhaften Lage der
Stadt an der schmalsten Stelle des Strelasundes mit dem Blick auf
die vorgelagerte Insel Rügen und setzt sich in der reichen Architektur
mit ihren zahlreichen mittelalterlichen Bauwerken in der für den Ost-
Altstadt seeraum so typischen Backsteingotik fort. Die Altstadt ist vollständig
von Wasser umgeben. Schon aus der Ferne grüßen die Türme der
vier großen Kirchen den Besucher. Die älteste ist die große Nikolaikirche aus dem 13. Jahrhundert, die im 14. Jahrhundert ausgebaut
und mit einem Doppelturm versehen wurde. Der Südturm erhielt
nach dem Brand von 1662 eine barocke Spitze, der Nordturm jedoch
leider nur ein Notdach. Die Jacobikirche mit ihrem markanten Turm
am Rande des ältesten Stadtzentrums wurde in den historischen
Quellen erstmals im Jahr 1303 erwähnt. Das höchste Bauwerk mit
gewaltigen 150 Metern war einst der Turm der monumentalen Marienkirche, der jedoch einem Feuer zum Opfer fiel und später seine Ba-
rockhaube erhielt. Eher ein Türmchen hat dagegen die Heiliggeist-
kirche aus dem 15. Jahrhundert in der Nähe des früher erbauten
gleichnamigen Klosters zu bieten. Das Heiliggeistkloster oder Hos-
pital St. Spiritus, erstmals 1256 erwähnt, war das erste Krankenhaus
der Stadt.

Vorläufer der Stadt war ein slawisches Fischerdorf. Mit den neuen
Siedlern aus dem Westen kamen auch Handwerker und Kaufleute an
den Strelasund. Die regionalen Herrscher des Fürstentums Rügen,
zu dem damals nicht nur die gleichnamige Insel gehörte, lebten von
dem fruchtbaren Boden und den fischreichen Boddengewässern.
Noch bessere Einnahmen versprach aber der Handel, und so war es
Fürst Wizlaw I. von Rügen, der Stralsund 1234 das Stadtrecht verlieh. Die Freiheit, der naturgegebene Reichtum des Umlandes und
die aufstrebenden Geschäfte der neuen Bürger führten die Stadt
sehr bald zu erheblichem Wohlstand. Schon zwei Jahrzehnte nach
der Stadtrechtsverleihung wurde der erste Stadtkern um den alten

Luftaufnahme der Stralsunder Altstadt aus den 1920er Jahren. Im Hintergrund erkennt man die Uferzone der Insel Rügen.

Markt zu klein für die wachsende Bevölkerung, so dass eine erste Ausdehnung – die Neustadt mit dem Neuen Markt – erforderlich war. Neuer Markt Beide Stadtteile wuchsen später zusammen. Der schnelle Erfolg Stralsunds erregte aber den Neid der Nachbarn. Die Lübecker fielen schließlich über die Stadt her und brannten sie nieder, was bei den vorherrschenden Holzbauten gründlich gelang. Noch während des Wiederaufbaus richtete 1271 ein weiteres Feuer abermals großen Schaden an. Für den erneuten Wiederaufbau ihrer Häuser verwendeten die mehrfach gestraften Stralsunder dann Backsteine. Schon bald nach dem Lübecker Überfall war mit dem Bau der Stadtbefestigung begonnen worden. Es entstand eine mächtige Mauer mit fünf Landtoren und sechs Wassertoren sowie rund 30 Turmaufbauten. Die der Stadt vorgelagerten Teiche wurden vertieft, um potenziellen Angreifern die Einnahme weiter zu erschweren.

Der Handel als wichtige Einnahmequelle ist für Stralsund erst ab 1278 urkundlich nachweisbar. Die Anfänge müssen aber weiter zurückliegen, sonst wären der starke Aufschwung und das Wachstum der Stadt nicht zu erklären. Nicht zuletzt bezeugen der Überfall der Lübecker und auch der Bau von St. Nikolai ab 1276 den Reichtum der Stadt. Handel und Handwerk waren in allen Städten die treibenden Elemente der Wirtschaft. 1293 schlossen Lübeck, Wismar, Rostock, Stralsund und Greifswald einen Vertrag zum gegenseitigen Beistand zu Wasser und zu Lande. Das Jahr gilt als Beginn der Städte-Hanse. Der Lübecker Überfall war vergeben. Stralsund bescherte die Mitgliedschaft im Hansebund anhaltendes Wachstum – verstärkt noch durch das 1318 erworbene Münzrecht und die eigene Gerichtsbarkeit. 1325 fiel die Stadt unter die Herrschaft der Herzöge von Pommern-Wolgast, was jedoch keinen Bruch in der wirtschaftlichen Entwicklung bedeutete.

Rund 300 Schiffe segelten in den Blütezeiten unter der »sundischen« Flagge. Stralsund war selbst eine große Stadt des Schiffbaus. **13 Werften** Zeitweise gab es hier bis zu 13 Werften, auf denen Koggen und andere Schiffstypen der Hanszeit entstanden. Zu den Handelsgütern der Stralsunder gehörten hauptsächlich landwirtschaftliche Erzeugnisse und Vieh. Importiert wurden vorrangig Südfrüchte, Öl, Gewürze, Seide und Schmuck. Hinzu kam der Zwischenhandel mit Wein aus Frankreich, Tuchen aus England und Flandern, Stockfisch aus Norwegen, Heringe und Eisenerz aus Schweden, Pelze, Wachs, Flachs, Hanf, Holz, Pottasche und Honig aus dem Osten. Die Stralsunder Kaufleute waren äußerst vielseitig. So sind zum Beispiel auch enge Kontakte zu mehreren englischen Städten und Handelsbeziehungen nach Spanien belegt. Zunächst waren die Stralsunder hauptsächlich in der Ost-West-Fahrt aktiv. Im Zuge des allmählichen Niedergangs der Hanse folgte im 15. Jahrhundert die Konzentration auf die Ostsee. Die einst riesige Flotte war Vergangenheit.

Wie die anderen Städte hatte auch Stralsund mehrfach Auseinandersetzungen mit den Dänen, den Dauerfeinden der Hanse. Anfang des 14. Jahrhunderts überfiel König Erik Menved die Städte Lübeck, Wismar und Rostock. Auch Stralsund wurde belagert und sollte eingenommen werden. Durch einen Überraschungsangriff bescherten die Stralsunder dem Dänenkönig jedoch eine heftige Niederlage. Die bei dem siegreichen Gefecht gefangen genommenen Adeligen wurden gegen Lösegelder ausgetauscht. Damit soll angeblich die prachtvolle Fassade des Rathauses finanziert worden sein. Der nächste Dänenkönig, dem die dominierende Position der Hanse in der Ostsee ein Dorn im Auge war, hieß Waldemar IV. Atterdag. Er wurde aber nach zehnjährigen Auseinandersetzungen schließlich durch das gemeinsame Vorgehen mehrerer Hansestädte besiegt. Mit dem **1370** »Frieden von Stralsund« am 24. Mai 1370 schrieb die Stadt nach diesem Sieg ein wichtiges Stück hanseatische Geschichte.

Eine Hansestadt erschließt sich dem Besucher immer am besten vom Marktplatz aus. Der alte Markt von Stralsund mit dem stolzen Rathaus und der mächtigen Nikolaikirche bietet ein besonders schönes Ensemble. Ebenfalls am Alten Markt liegt das Wulflam-Haus. Einst **B. Wulflam** beherbergte es den berüchtigten Bürgermeister Bertram Wulflam und dessen Familie. Vater und Sohn Wulf Wulflam waren Kaufleute und vorwiegend auf die eigenen Vorteile bedacht. Seine hohe Funktion im Rat von 1364 bis 1391 nutzte Bertram rigoros für die eigenen

Stralsund, von Osten gesehen.

finanziellen Interessen. Mit dem Aufstand der Handwerker unter der Führung von Karsten Sarnow gelang es, Vater und Sohn zu entmachten. Beide suchten ihr Heil in der Flucht. Sarnow wurde Bürgermeister und sorgte für eine Rechtsreform. Durch Intervention und Intrigen in Lübeck gelang es den beiden Wulflams jedoch, die alten Verhältnisse wieder herzustellen. Bertram verstarb aber, bevor er seine Heimatstadt erreichen konnte. Um den Sieg auszukosten und den Machtanspruch in der Stadt klar zu machen, ließ Wulflam den toten Vater auf den Bürgermeisterstuhl im Rathaus setzen. Karsten Sarnow wurde 1393 geköpft und die neuen Teile der Stadtverfassung wurden wieder gestrichen. Aber auch Wulf Wulflam konnte seinen Triumph nicht mehr lange genießen. Er wurde in einer Kirche auf Rügen erstochen.

Das Rathaus entstand zusammen mit der Nikolaikirche. Der überdachte Gang zwischen den beiden Bauten diente dem Handel und verdeutlicht die enge Verbindung von Kommerz und Kirche in der Vergangenheit. Die hoch aufragende Schmuckfassade des Rathauses spiegelt das Selbstbewusstsein der von den Kaufleuten beherrschten Stadt wider. Es war nicht allein Sitz des Rates, sondern auch Gericht und sogar Handelsplatz mit Verkaufsständen im Erdgeschoss und einer Tuchhalle im Keller. Die Wappen an der Fassade sind die der Hansestädte Wismar, Lübeck, Hamburg, Greifswald, Stralsund und Rostock. Das Wulflam-Haus stammt etwa aus dem Jahr 1350 und gehört zu den ganz wenigen Bürgerhäusern, die aus dem Mittelalter noch erhalten sind. **Rathaus**

Mit dem Scheele-Haus an der Fährstraße verfügt Stralsund über ein weiteres Prachtexemplar aus dieser Zeit. Carl-Wilhelm Scheele war Chemiker. Ihm wird die Entdeckung des Sauerstoffs zugeschrieben. Das älteste Bürgerhaus steht an der Mühlenstraße. Zu sehen ist allerdings nur noch ein Teil des schmucken Giebels. Ebenfalls in der Mühlenstraße steht das rekonstruierte Dielenhaus (Titelabbildung **Scheele**

Der Kampische Hof.

dieses Buches). Der Kampische Hof diente einst den Äbten des Zisterzienserklosters als Quartier und wurde später als Speicher genutzt. Von den alten Stadttoren sind das Kniepertor und das Kütertor erhalten geblieben. Auch Teile der Stadtmauer sind noch zu sehen. Das alte Dominikanerkloster St. Katharinen besticht vor allem durch seine fast vollständig erhaltene Architektur der Backsteingotik und den prächtigen Kapitelsaal. Zu den ältesten Bauten Stralsunds gehört das Johanniskloster, das 1254 von den Franziskanern gegründet wurde. Das Feuer von 1624 und amerikanische Bomben im Jahr 1944 richteten jedoch erhebliche Schäden an. Eine vollständige Restaurierung gab es nicht.

Stralsund war und ist eine Stadt des Schiffbaus. Die Volkswerft gehört zu den modernsten Schiffbaubetrieben in Europa. Der alten Tradition zollen die Stralsunder sichtbaren Respekt. Dazu gehört die Dreimastbark Gorch Fock I, die nach dem 2. Weltkrieg mit dem Namen Towarischtsch der Sowjetunion als Schulschiff diente und zuletzt der Ukraine gehörte. Die Stadt kaufte den ziemlich heruntergekommenen Segler und ließ ihn auf der Volkswerft soweit herrichten, dass er schwimmfähig ist und nun im Stralsunder Hafen besichtigt werden kann. Auch seinen alten Namen hat das Schiff zurückerhalten. Irgendwann soll es wieder segeltüchtig werden.

Der Stralsunder Hafen hat als Handelshafen heute keine große wirtschaftliche Bedeutung mehr für die Stadt. Mit gut 1,3 Millionen Tonnen Gesamtumschlag im Jahr liegt er noch deutlich hinter Wismar. Die großen Ostseefährschiffe laufen die Häfen Sassnitz und Mukran auf Rügen an. Besonders gelungen ist aber in Stralsund der Yachthafen durch seine direkte Anbindung an die reizvolle Altstadt. So können die Gäste, die auf dem Wasserweg in den Strelasund kommen, ihre Boote direkt im Herzen der Stadt festmachen. Eine weitere maritime Attraktion ist das Deutsche Meeresmuseum, das größte Naturkunde-Museum in Norddeutschland. Neben dem Schiffbau sind heute vor allem die Branchen Dienstleistungen, Handwerk, Baugewerbe, Metall- und Holzverarbeitung, Lebensmittel und Tourismus die wichtigsten Arbeitgeber der Stadt. Stralsund hat fast 60.000 Einwohner und ist damit die größte Stadt im Landesteil Vorpommern.

Johannis-kloster

Gorch Fock

Hafen

Greifswald

Einen guten Teil der historischen Bausubstanz verdankt die »Perle Pommerns« Oberst Rudolf von Petershagen. Als Stadtkommandant übergab er Greifswald gegen Ende des Weltkriegs II. ohne den sowieso aussichtlosen Widerstand an die Rote Armee. So hat die Küstenstadt, gelegen zwischen den Inseln Rügen und Usedom, neben den prächtigen mittelalterlichen Kirchenbauwerken St. Marien, St. Jacobi und dem Dom St. Nikolai mit seinem fast 100 Meter hohen Turm noch etliche schöne Profanbauten zu bieten. Die schönsten Stufengiebelhäuser aus der Hansezeit stehen auf der Ostseite des Marktplatzes. Sie entstanden im späten 13. Jahrhundert und Anfang des 15. Jahrhunderts. Auf der gegenüberliegenden Seite steht das Rathaus, das früher »Kophus« (Kaufhaus) hieß. Gebaut wurde es im 14. **Kophus** Jahrhundert. Der jetzige barocke Bau entstand nach einem Brand im 18. Jahrhundert.

Das heutige Erscheinungsbild des Marktplatzes ist vor allem das Ergebnis umfassender Sanierungsarbeiten in den Jahren 1998 und 1999. Einziges Relikt der früheren Stadtbefestigung ist der Fangenturm (Gefangenenturm) von 1329 am heutigen Museumshafen. Dort, am Ufer des Ryck, lag der alte Handelshafen. Mit mehreren historischen Schiffen zollt Greifswald seiner Tradition Respekt. Greifswald gehörte ab 1278 zur Hanse und war damit eines der frühen Mitglieder. Schifffahrt und Handel führten die Stadt in eine lange Blüteperiode, die bis ins 16. Jahrhundert hinein anhielt.

Geradezu weltweite Bekanntheit genießt die Klosterruine Eldena **Ruine** durch die Darstellung von Caspar David Friedrich, einem Sohn der **Eldena** Stadt Greifswald. Zisterziensermönche hatten Ende des 12. Jahrhunderts das Kloster Hilda gegründet, das erst später den Namen Eldena erhielt. Zur Ruine wurde Eldena schon 1633, als Wallenstein die Anlage zerstören ließ. Den Rest besorgten nach dem Westfälischen Frieden ab 1648 die Schweden, die Eldena nur als Steinbruch nutzten. Erst der preußische König unterband 1827 den weiteren Missbrauch, so dass wenigstens ein paar Relikte erhalten sind. König Friedrich Wilhelm IV. hatte ein Eldena-Bild von Caspar David Frie-

Klosterruine Eldena.

drich gesehen und daraufhin die Entscheidung getroffen. Während des Sommers bietet Eldena zuweilen die Kulisse für Theater, Konzerte und andere künstlerische Darbietungen. Dazu gehören seit über 20 Jahren auch die Eldenaer Jazz Evenings.

Das Kloster war die eigentliche Keimzelle Greifswalds. Mit dem Bau entstand eine schnell wachsende Handwerkersiedlung. Etwas westlich davon wurde die Neustadt gebaut. die als »Oppidum Gripheswaldis« 1250 lübisches Recht erhielt. 1264 wurden Altstadt und Neustadt planmäßig miteinander verbunden. Die Struktur der alten Straßen- und Wegeführung ist noch heute zu erkennen. Die altehrwürdige Universität von 1456 verdankt Greifswald seinem Bürgermeister Heinrich Rubenow, der auch ihr erster Rektor war. Ein neugotisches Denkmal erinnert seit 1856 an den Gründer. Die Ernst Moritz Arndt Universität gehört zu den ältesten Hochschulen des Nordens. An ihr lernen heute über 6.500 Studierende. Damit sind rund 15 Prozent aller Einwohner der beschaulichen Stadt Studenten. Im Besitz der Universität befindet sich neben anderen Kunstschätzen auch eine Gutenberg-Bibel, von der es weltweit nur vier Exemplare gibt. Sie entstand etwa 1460.

Universität

Stettin

Stettin ist in Einheit mit dem vorgelagerten Swinemünde auf der geteilten Insel Usedom heute der größte polnische Hafen und war bis zum 2. Weltkrieg nach Hamburg und Bremen der sogar drittgrößte deutsche Seehafen. Nach 1945 rückten Stettin und Swinemünde, obwohl westlich der Oder gelegen, mit der neuen Oder-Neiße-Grenzlinie jedoch in eine Randlage und verloren zugunsten Rostocks ihre einst große Bedeutung für Deutschland. Das könnte sich durch die Mitgliedschaft in der EU allerdings wieder ändern. Schon seit mehreren Jahren zeigt der Hafenumschlag hohe Wachstumsraten. Die verkehrsgünstige Lage am Unterlauf der bis tief in das Binnenland schiffbaren Oder und die unmittelbare Nähe der Ostsee prädestinierte Stettin schon lange vor der Hansezeit als Handelsplatz. Im Laufe der wechselvollen Geschichte geriet die Stadt immer wieder unter neue Herrschaft. Die Polen lösten Ende des 10. Jahrhunderts die Pommern ab, aber schon einige Jahre später gewannen die Pommern ihre Eigenständigkeit zurück. Im 12. Jahrhundert wurde Stettin wieder polnisch. Dann folgten die Dänen, später die Deutschen, für kurze Zeit die Franzosen und schließlich wieder die Polen.

Die belegte Geschichte begann Ende des 7. Jahrhunderts mit einer Burg, die von einer slawischen Siedlung umgeben war. Sie lag auf dem heutigen Schlosshügel. Im Zuge der Ostbesiedlung kamen um die Mitte des 12. Jahrhunderts die ersten deutschen Kaufleute und Handwerker nach Stettin. Die deutsche Siedlung entstand am Altstädtischen Rathaus, vermischte sich jedoch aufgrund der anhaltenden Zuwanderung aus dem Westen schon bald mit der slawischen Siedlung. Ab 1325 waren die beiden zusammengewachsenen Teile von einer Stadtmauer mit vier Wassertoren und zwei Landtoren umgeben. Der großzügigen Spende eines wohlhabenden Bamberger Kaufmann namens Beringer verdankt die Stadt die Jakobikirche, die ab 1187 entstand. Mit der Verleihung der Magdeburger Stadtrechte erlebte Stettin ab 1243 starke wirtschaftliche Impulse. Die Burg wurde Fürstenresidenz, und die Stadt wuchs in eine führende politische Funktion für Pommern hinein. 1272 erfolgte der Beitritt zur

Slawische Siedlung

1243

1272

Hanse. Zu den wichtigen Privilegien gehören Handelsrechte in Dänemark, das Stapelrecht und das Monopol für den Export von Getreide, Mehl und Holz über die Oder.

Mehr als 500 Jahre lang (1121 bis 1637) war das Fürstentum Pommern als Lehen des Deutschen Reiches ein eigenständiger Staat. Das Geschlecht der Gryfici herrschte über das Land. Der Name ist noch heute in Pommern geachtet. So heißt zum Beispiel eine Werft in Stettin Gryfia. Der Niedergang setzte nach einer langen Blütezeit – wie in vielen anderen Hansestädten auch – in der ersten Hälfte des 16. Jahrhunderts ein. Die wirschaftlichen Probleme wurden durch den Dreißigjährigen Krieg noch verstärkt. Mit dem Westfälischen Frieden wurde Pommern geteilt. Die Erben waren zunächst Brandenburg und Schweden, 1720 folgte Preußen. Als die Rote Armee am 26. April 1945 in Stettin einmarschierte, war die Stadt durch englische und amerikanische Bomben bereits weitgehend zerstört. Außer den Kirchen sind daher mittelalterliche Bauwerke in Stettin kaum noch zu finden.

Sehenswert ist die wieder entstandene Altstadt mit dem Rathaus, das im 13. Jahrhundert entstand und zunächst Gerichtslaube war. Zweimal wurde das Gebäude durch Kriege stark in Mitleidenschaft gezogen. Nach dem Wiederaufbau präsentiert sich der Südgiebel des schmucken Rathauses mit einer Barockfassade, während man beim Nordgiebel versucht hat, den gotischen Charakter wiederherzustellen. Die eigenwillige Mischung hat durchaus ihren Grund, denn nach der Zerstörung im Jahr 1771 war das ursprünglich gotische Rathaus im barocken Stil wieder aufgebaut worden. Es beherbergt heute einen Teil des Nationalmuseums.

Die Grenzstadt hat etwa 420.000 Einwohner und ist damit nach Danzig die zweitgrößte polnische Stadt an der Ostsee. Stettin wird aufgrund der zahlreichen Grünanlagen zuweilen auch als grüne Stadt bezeichnet. Von der beliebten Ferieninsel Usedom besuchen alljährlich viele deutsche Touristen die nahe polnische Stadt und ihre noch näher gelegene Schwester Swinemünde. Von der angeblich in Polen noch immer herrschenden Skepsis gegenüber den deutschen Nachbarn ist nichts zu spüren. Diese Skepsis war auch sicherlich mehr eine Angelegenheit der offiziellen Politik als der Bürger. In der Begegnung von Mensch zu Mensch jedenfalls zeigt sie sich schon lange nicht mehr, und das gilt nicht nur für das Grenzland. Die beiden Städte Stettin und Swinemünde gehören ebenso wie ihr Umland mit dem Stettiner Haff zu den touristisch besonders attraktiven Zielen in Polen.

Die maritime Wirtschaft hat für Stettin und Swinemünde große Bedeutung. Obwohl Stettin auch ein internationaler Handelshafen ist, herrschen die Ostseeverkehre doch deutlich vor. Zwei Werften und

Gryfici **(margin note)**

Altstadt **(margin note)**

Vorkriegsansicht von Stettin.

etliche Zulieferbetriebe sorgen für zusätzliche Beschäftigung. Darü- Werften
ber hinaus sind die Branchen Lebensmittelindustrie, Chemie, Maschinenbau, Papierherstellung und Textilndustrie vorherrschend.
Nicht zu vergessen ist der Tourismus, denn alljährlich besuchen rund
eine halbe Million Menschen die Stadt.

Danzig

Danzig hat nicht nur Johannes Hevelius, Gabriel Daniel Fahrenheit, Arthur Schopenhauer, Lech Walesa, Dariusz Michalczewski und weitere große Persönlichkeiten hervorgebracht, sondern 1927 auch G. Grass Günter Grass, den wohl bekanntesten noch lebenden Sohn der Stadt. In seinem Roman »Die Blechtrommel« hat er Danzig und dem Volksstamm der Kaschuben ein bleibendes Denkmal gesetzt.

Die alte Hafenstadt hat heute über 450.000 Einwohner. Sie ist mit den Nachbarstädten Gdingen und Zoppot zu einem großen Ballungsraum mit mehr als einer Million Bürgern zusammengewachsen – der so genannten Dreistadt. Danzig gehört zu den sehr alten Ansiedlungen an der südlichen Ostsee. Der Ursprung war wohl ein Fischerdorf. Mit der Christianisierung des Ostens wird im Jahr 997 erstmals eine slawische Siedlung mit dem Namen Gydannyzc erwähnt. Die Geschichte verdichtet sich mit der Gründung des Klosters Oliva durch die aus dem Westen kommenden Zisterzienser. Die eigentliche Stadtgründung nach lübischem Recht geht wahrscheinlich 1224 auf das Jahr 1224 zurück. Anschließend siedelten sich vermehrt deutsche Kaufleute und Handwerker, vor allem aus Lübeck, in Danzig an. 1309 fiel Danzig an den Deutschen Ritterorden, der seinen Hauptsitz in der nahen Marienburg hatte. Mitglied der Hanse war die Stadt von 1361 bis 1669 ohne Unterbrechung.

Von 1919 bis 1939 war die Stadt durch den Vertrag von Versailles als »Freie Stadt Danzig« offiziell ein eigenständiger Staat, der unter der Aufsicht des Völkerbundes stand. Die Beschießung der polnischen Militäranlagen auf der Westerplatte durch das deutsche Linienschiff »Schleswig-Holstein« am 1. September 1939 war der Auftakt zum 2. Weltkrieg. Die Zerstörung der Innenstadt mit ihren vier Stadtteilen Rechtstadt, Altstadt, Vorstadt und Niederstadt fand erst nach dem Einmarsch der Roten Armee durch Brandschatzung statt. Die vorbildliche Restaurierung der Rechtstadt und vieler Baudenkmäler der Altstadt zeigt den Charakter der frühen Neuzeit.

In der Hansezeit gewann Danzig ab Anfang des 15. Jahrhunderts durch seine Vorrangstellung im Handel über die Weichsel in das Binnenland und über die Ostsee nach Litauen verstärkte Bedeutung. Kupfer und Blei aus der Slowakei gelangten über Danzig in den Westen. Hinzu kamen die typischen Produkte des Ostens wie Getreide, Wachs, Bauholz, Pech, Teer und Asche sowie Flachs und Hanf, Leder und Pelze. Aus dem Westen holten Danziger Kaufleute hauptsächlich Tuche und Wein, Hering und Salz. Durch den direkten Zugang zu den Märkten im Westen, der zuvor nur über Lübeck möglich

Alter Hafen an der Modlau mit dem Krantor.

gewesen war, konnte Danzig seinen Handel auf Kosten Lübecks deutlich stärken. Danzig wurde um 1500 durch die erfolgreiche wirtschaftliche Entwicklung zur führenden Stadt des preußisch-litauischen Quartiers. Ab dem 16. Jahrhundert machten holländische Kaufleute den Danzigern jedoch Konkurrenz im Westhandel, so dass sich die starke Position der Stadt auf der Westroute deutlich abschwächte. Der wirtschaftliche Niedergang aber kam erst mit den schwedisch-polnischen Kriegen im 17. Jahrhundert. Zur seiner hanseatischen Blütezeit hatte Danzig über 50.000 Einwohner und war damit wesentlich größer als Warschau (ca. 14.000).

Danzigs Wahrzeichen und häufigstes Postkartenmotiv ist das mittelalterliche Krantor. Es hatte tatsächlich die Doppelfunktion als Tor **Krantor** und Kran. Sein heutiges Gesicht erhielt das attraktive Bauwerk in der Mitte des 15. Jahrhunderts, nachdem der Vorgängerbau abgebrannt war. Zwei wuchtige Steintürme stützen den vorragenden hölzernen Zwischenbau mit den beiden Kränen. Über zwei große Räder in 12 und 25 Metern Höhe liefen die Seile, mit denen bis zu vier Tonnen schwere Lasten bewegt wurden. Für den Antrieb mussten Strafgefangene sorgen. Aufgrund der stattlichen Höhe ließen sich mit dem Krantor nicht nur Schiffe be- und entladen, sondern auch Masten in Schiffe einsetzen.

Zu den erhaltenen Profanbauten aus dem Mittelalter gehört auch der restaurierte Artushof, der ab 1477 am Langen Markt entstand. **Artushof** Der Vorgängerbau von 1348 wurde durch einen Brand zerstört. Artushöfe gab es in etlichen Städten. Sie waren Begegnungsstätten wohlhabender Bürger, in denen man zusammen plauderte und trank oder auch Geschäfte abschloss. Im englischen Club-Wesen ist dieser alte Brauch noch erhalten. Der Artushof in Danzig ist als einziges

Kirche St. Marien.

Bauwerk dieser Art an der Ostsee erhalten geblieben. Aus dem 14. Jahrhundert stammt auch der Stockturm, Teil der mittelalterlichen Stadtbefestigung und zugleich Gefängnis. Sein heutiges Erscheinungsbild ist allerdings das Ergebnis etlicher Umbauten. Dem klotzigen Turm angeschlossen ist die Peinkammer, die als Gerichtsstätte und – wie der Name besagt – als Folterkammer diente. Wer die »peinliche Befragung« überlebte und auch nicht mit dem Tod bestraft wurde, musste seine Haftstrafe in den fensterlosen Zellen des Stockturms absitzen. Die eisernen Fesseln für die Gefangenen sind dort noch heute zu sehen.

In seiner mittelalterlichen Form leider nicht erhalten geblieben ist das alte Rechtstädtische Rathaus, das ab 1380 zunächst als zweigeschossiger Bau entstand und später aufgestockt wurde. Nach einem Feuer im Jahr 1556 wurde ein prächtiger neuer Renaissancebau mit einem 82 Meter hohen Turm errichtet. Was heute zu sehen ist, ist das Ergebnis eines sehr gelungenen Wiederaufbaus, denn der prächtige Bau wurde im März 1945 zerstört. In der späten Hansezeit entstand Anfang des 17. Jahrhunderts das Große Zeughaus mit seinen reich verzierten Giebeln.

Monumental erhebt sich die Marienkirche über die Stadt – die größte Backsteinkirche der Welt. Vom Baubeginn im 14. Jahrhundert soll es rund 150 Jahre gedauert haben, bis der gewaltige Bau vollendet war. Bis zu 25.000 Menschen konnten in dieser Kirche Platz finden, die von 60 Pfarrern betreut wurden. Am Ende des 2. Weltkriegs war die Marienkirche stark in Mitleidenschaft gezogen, doch schon wenige Jahre später begann der Wiederaufbau.

Danzig ist ein Touristenmagnet, weit mehr noch als Stettin. Vor allem in den Sommermonaten sind in den Straßen der herausgeputzten Altstadt ausländische Sprachen, vor allem Deutsch und Schwedisch, beinahe vorherrschend. Noch heute sieht man der Stadt die lange wirtschaftliche Blütezeit der Vergangenheit an, als Danzig und Königsberg die größten Städte und die Kulturzentren im östlichen Teil der Ostsee waren. Nach wie vor ist die maritime Wirtschaft ein wichtiges ökonomisches Standbein in der Dreistadt.

Riga

Der Dichter Werner Berger gruen wurde in Riga geboren, ebenso der Regisseur Sergej Eisenstein oder auch cer unvergessene Heinz Erhardt. Mit rund einer Million Einwohnern ist die lettische Hauptstadt einschließlich des Vorhafens Jarmula an der tief in das Land vordringenden Rigaschen Bucht die größte Stadt in Nordosteuropa. Die alte Keimzelle Rigas liegt etwa 13 Kilometer von der Ostseeküste entfernt, dort wo der Rigebach in die schiffbare Düna mündet. Die gesamte, gut erhaltene Altstadt steht unter Denkmalschutz. Die mittelalterlichen Spuren der Hansezeit sind zwar auch hier eher selten, aber die folgenden Jahrhunderte haben eine Fülle von architektonischen Zeugen hinterlassen. Zudem ist das schmucke Riga eine Metropole des Jugendstils und steht nicht zuletzt deshalb auf der Weltkulturerbe-Liste der UNESCO. Weltkulturerbe

Zu den erhaltenen – beziehungsweise restaurierten oder wieder aufgebauten – mittelalterlichen Bauwerken gehören der Dom, die Peterskirche, Rathaus, Schwarzhäupterhaus und Neues Gildehaus. Vor allem das stolze Schwarzhäupterhaus ist ein Touristenmagnet. Die Schwarzhäupter waren eine Verbindung fremder und unverheirateter junger Kaufleute, die zumeist aus anderen Hansestädten nach Riga gekommen waren. Ob der Name auf den farbigen Schutzpatron Mauritius der Schwarzhäupter zurückzuführen ist, ist nicht sicher. Möglicherweise haben sich die jungen Männer den Namen gegeben, um sich von den grauhaarigen älteren Kaufleuten abzuheben, die in der »Großen Gilde« ihren Einfluss ausübten. Die Schwarzhäupter mussten Riga nach dem Hitler-Stalin-Pakt 1939 verlassen, doch die Vereinigung gibt es noch immer. Sie hat heute ihren Sitz in Bremen.

Das 12. Jahrhundert war die Zeit zahlreicher Städtegründungen im Ostseeraum. Auch die Geschichte Rigas umfasst inzwischen eine Spanne von über 800 Jahren. Die eigentliche Stadtgründung erfolgte 1201 durch Bischof Albert von Bremen. Aber er war nicht der erste Bremer, der die Fischersiedlung am Rigebach besuchte. Schon 1158 waren Kaufleute aus Bremen über die Düna in das Land gekommen und hatten am Unterlauf des Flusses einen Handelplatz angelegt. Damit war der Grundstein für eine aufstrebende Entwicklung gelegt, die vor allem nach 1211 einsetzte. Stadtrechte und Bischofssitz (ab 1255) begünstigten die weitere Entwicklung. Riga wurde zur Hauptstadt Livlands, unterstand jedoch zunächst dem gotländischen Wisby.

Im Zuge der wechselvollen Historie stand Riga von 1330 bis 1366 unter der Herrschaft des Deutschen Ordens. Durch seinen Legaten Wilhelm von Modena ließ der Pabst das Land 1243 in vier Bistümer aufteilen und Riga zum Erzbistum erheben. 18 Jahre später wurde die Stadt ein Teil von Polen-Litauen. Freie Reichsstadt war Riga nur 20 Jahre, von 1561 bis 1581. Ab 1621 übernahmen die schwedischen Könige als Reichsfürsten das Regiment. 1796 folgten die Russen. Damit wurde Riga zu Hauptstadt eines der russischen Ostsee-Gouvernements. Dennoch blieb Deutsch noch fast 200 Jahr lang die Amtsprache. Das wurde 1891 geändert, obwohl mehr als die Hälfte der Einwohner deutschsprachig und nur ein Viertel der Bürger Russen waren. Nach dem 1. Weltkrieg wurde Riga zur Hauptstadt Lettlands. Von 1941 bis 1944 war das Land von den Deutschen besetzt. Riga war Sitz des Reichskommissariats Ostland. Dann wurde Lettland Sowjetrepublik. Seit 1991 ist Lettland wieder ein unabhängiger Staat und seit 2004 EU-Mitglied.

Durch ein Bündnis mit Lübeck und Wisby trat Riga im Jahr 1282 und damit schon sehr früh der Hanse bei. Später war Riga anstelle von Wisby vorübergehend sogar Führerin des gotländisch-livländischen Hanse-Drittels. Die Stadt entwickelte sich zur für die Hanse bedeutendsten Stadt in Livland und zu einer wichtigen Drehscheibe für den Handel mit Russland. Die typischen Waren des Ostens wie Holz, Teer, Asche, Wachs oder Pelze und Leder wurden über Riga nach Westeuropa exportiert. Auf dem Rückweg brachten die Fernhandelskaufleute hauptsächlich Tuche und Metalle, Wein, Bier und Gewürze sowie Heringe, Salz und Bier in den Osten. Der Handel bescherte Riga eine lang anhaltende Periode der wirtschaftlichen Blüte, die erst in der zweiten Hälfte des 16. Jahrhunderts ausklang.

Die erste Siedlung nach der Stadtgründung entstand halbkreisförmig an einer breiten Schleife des Riegebachs, der früher auch als natürlicher Hafen diente. Er begrenzte die Stadt nach Osten und nach Süden. Die Westgrenze bildete die Düna mit dem Dünahafen, **Lastadie** an dem die »Lastadie« (Speicherstadt) entstand. Im Norden schützte ein Graben die Stadt. Der älteste Stadtbezirk und der erste Dom fielen 1215 einem Feuer zum Opfer. Den Bremern folgten bald auch Kaufleute aus Lübeck, Wisby, Münster und Soest. Die Kaufleute aus Lübeck, Münster und Soest unterhielten in Riga eigene Höfe, die später jedoch vom Rat der Stadt übernommen und den Gilden übertragen wurden, die stark an Einfluss gewannen. Nach dem Brand entstanden der zweite Dom und das zweite Rathaus (Schwarzhäupter-

Riga an der Mündung der Düna.

haus) am neuen und erheblich größeren Marktplatz, der auch wesentlich näher am Dünahafen lag. Die Kaufleute waren in der
»Großen Gilde« organisiert, die Handwerker in der »Kleinen Gilde«.

Einen starken wirtschaftlichen Aufschwung erlebte Riga, als ab
1495 fremde Kaufleute keinen direkten Handel mehr in der Stadt treiben durften. Dem entsprechenden Beschluss des Rats waren Versuche holländischer Kaufleute vorausgegangen, im Osthandel Fuß zu
fassen. Die von den Russen befohlene Schließung des Hanse-Kon-
tors in Nowgorod (1494) brachte für Riga sogar Vorteile, denn der
Handel verlagerte sich von Nowgorod nach Livland. Erst der militärische Vorstoß der Russen (1558) führte zu Beeinträchtigungen. Der
Deutsche Orden bat Polen-Litauen um Unterstützung für sein be-
drohtes Land. Dafür musste der Orden Livland drei Jahre später an
Polen-Litauen abtreten. Riga blieb nur noch eine begrenzte Zeit die
Freiheit, denn 1582 musste sich die Stact den neuen Herren im
Lande unterwerfen.

Das heutige Lettland umschließt die historischen Bereiche Kur-
land, Livland, Semgallen und Lettgallen. Von den insgesamt etwa 2,4
Millionen Einwohnern leben rund 40 Prozent in der Hauptstadt. Die
Wirtschaft des Landes hat sich von dem Einbruch, der 1991
zunächst dem Schritt in die Eigenständigkeit folgte, längst erholt. Die
Privatisierung ist abgeschlossen und vor al em in Riga herrscht Auf-
bruchstimmung. Die 1994 geschlossenen Kooperationsabkommen
mit der Europäischen Union und mit den USA zeigten schon sehr
schnell die neue Orientierung des Landes. Riga ist ein großer Ver-
kehrsknotenpunkt in der Region. Der betriebsame Hafen spiegelt die
wirtschaftliche Entwicklung deutlich wider.

Reval

Die wirtschaftliche Bedeutung der Stadt für die Hanse, der sich Reval schon sehr früh anschloss, lag in ihrer Funktion als Bindeglied und Durchgangsstation für die Nowgorod-Fahrer im Russlandhandel begründet. Dies galt sowohl für den Seehandel als auch für den Handel über Land. Durch die hanseatischen West-Ost-Handelswege war Reval mit dem westlichen Riga, im Südwesten mit Dorpat und Pleskau, im Osten mit Narva, Ladoga und Nowgorod verbunden. Im Gegensatz zur Nachbarstadt Riga lief jedoch der Großteil des Fernhandels über Lübeck. Aber auch im Handel Revals, von dem auch Dorpat profitierte, dominierten die typischen Waldprodukte des Ostens den Export. Aus dem Westen kamen vor allem Tuche, Heringe und Salz über Reval in den Osten.

Als Großfürst Iwan III. 1494 das Kontor in Nowgorod schließen ließ, verlagerte sich der Handel nach Livland. Das Ende des Kontors und der damit verbundene Verlust von Privilegien für Lübeck und andere Hansestädte im Westen führten bald zu erheblichen Spannungen mit Reval und Dorpat. 1559 griffen lübische Schiffe die Hanse-Schwester Reval sogar an. Beide Städte konnten sich im Gegensatz zu Riga in den Auseinandersetzungen um die Position im Russlandhandel nicht behaupten. Sie büßten schließlich nicht nur ihre wirtschaftliche Bedeutung, sondern auch ihre Selbstständigkeit ein. Neue Herren wurden die Schweden.

Reval ist nicht erst durch hanseatische Kaufleute zu einem Hafen- und Handelsplatz geworden. Diese Funktion ist schon seit frühgeschichtlicher Zeit belegt. Die Herrschaftsverhältnisse änderten sich allerdings – wie so häufig im Ostseeraum – mit der Christianisierung. In Reval waren es die Dänen, die etwa Mitte des 12. Jahrhunderts nach Estland vordrangen. 1219 kam es zum entscheidenden Kampf der Dänen unter ihrem König Waldemar II., an dem sich aber auch deutsche und wendische Kräfte beteiligten. Die neuen Herren ließen

Große Schloß

auf dem Domberg eine Kirche und das »Große Schloss« als Sitz für den Adel errichten, mussten ihren neuen Besitz aber schon 1227 dem livländischen »Schwertbrüderorden« überlassen. Die Schwertbrüder bauten sich auf dem Domberg das »Kleine Schloss«. Wahrscheinlich ließ der Orden zur Festigung der Macht und zum Ausbau der Siedlung 200 deutsche Kaufleute von der Insel Gotland nach Reval kommen – wohl die eigentliche Basis der Stadtgründung.

Allerdings hatten die Schwertbrüder nicht lange Freude an Reval, denn der Pabst wollte die dänische Herrschaft wiederherstellen, was mit militärischer Hlfe der Litauer im Jahr 1236 auch gelang. Der Dänenkönig Erik

Stadtansicht von Reval (Tallinn).

Plovpenning verlieh Reval 1248 das lübische Stadtrecht. Die spätere Erlaubnis der Dänen für die deutschen Kaufleute, auch über Land nach Nowgorod zu fahren, führte aber zu Spannungen mit der Bevölkerung in den durchfahrenen Gebieten und Reval wurde 1343 belagert. Der Deutsche Ritterorden kam Reval jedoch zur Hilfe, wahrscheinlich durch den Einfluss der früheren Schwertbrüder, die nach der Niederlage gegen die Litauer vom Deutschen Orden adaptiert worden waren. Der Orden kaufte Estland 1346 von den Dänen und bald darauf auch die Stadtrechte Revals. Für die Stadt folgten zwei Jahrhunderte Sicherheit und wirtschaftlicher Entwicklung. 1561 fiel die Stadt an Schweden.

Entstanden ist Reval aus zwei Siedlungen. Der Bau der Siedlung um den alten estnischen Kern herum mit dem Alten Markt und der Nikolaikirche wird den deutschen Kaufleuten zugeschrieben. In der zweiten Siedlung um den Neuen Markt lebten russische Kaufleute. Auf Veranlassung der dänischen Königin Margarete I. wurde ab 1265 eine Stadtmauer gebaut, die beide Teile umschloss. Auch die Stadtrechte von 1248 galten bereits für die gesamte Stadt. Ausgenommen war nur die »Oberstadt«, in der der Bischof residierte. Mit etwa 4.000 Bewohnern im 14. Jahrhundert und rund 6.000 im Hochmittelalter gehörte Reval nicht in die Reihe der großen Hansestädte.

Heute hat die estnische Hauptstadt etwa 400.000 Einwohner und die Gesamtbevölkerung Estlands liegt bei knapp 1,5 Millionen. Mit einem Jahresvolumen von rund 38 Millionen Tonnen ist Reval ein sehr bedeutender Ostseehafen. Die aufgeschlossene Hauptstadt der jungen Republik blickt wirtschaftlich und kulturell ebenso wie die beiden anderen baltischen Republiken klar in Richtung Westen. So beruhte auch der EU-Beitritt auf breiter Zustimmung der Bevölkerung.

Wisby, Gotland

Wisby auf der schwedischen Insel Gotland wurde schon lange vor unserer Zeitrechnung bewohnt. Bronzezeitliche Schiffsgräber belegen dies. Später folgen Bildsteine und eine Fülle von ausländischen Münzen, die einen regen Handel bis in das Mittelemeer hinein schon weit vor der Hansezeit nachweisen. Inzwischen stehen etliche der alten Hanse-

Weltkulturerbe städte auf der weltweit nur etwa 400 Objekte umfassenden Weltkulturerbe-Liste der UNESCO, seit 1995 auch Wisby mit seinen etwa 22.000 Einwohnern. Davon leben rund 2.000 innerhalb der Altstadt.

900 Der Reichtum der um 900 offiziell gegründeten Stadt Wisby an vollständig oder zumindest teilweise erhaltenen mittelalterlichen Gebäuden ist wohl unvergleichbar. Es sind rund 200 in der überschaubaren Metropole Gotlands! Allein 13 Kirchen zählte die Stadt einst, die jedoch größtenteils im Zuge der Reformation verfielen. Keine andere

Ruinen schwedische Stadt hatte so viele Kirchen. Die Ruine der Nikolaikirche dient Konzert- und Theaterveranstaltungen als Bühne. Erhalten sind außer der Domkirche (früher St. Maria) zahllose mehrgeschossige Wohn- und Handelshäuser mit stattlichen Giebeln und Fassaden. Die heutige Domkirche entstand Anfang des 13. Jahrhunderts für die deutschen Kaufleute. Die elf Meter hohe und Mitte des 14. Jahrhunderts fertig gestellte Stadtmauer mit Türmen und Wehrgängen ist fast vollständig erhalten und damit das einzige Exemplar in Europa. Von den einst fast 50 Wehrtürmen sind noch 28 erhalten. Wisby, die Stadt der »Rosen und Ruinen« zählt zu den sehenswertesten Städten Nordeuropas. Die gesamte Altstadt wird praktisch zur Bühne, wenn Anfang August die alljährliche Mittelalterwoche abgehalten wird.

Wisby war schon ein zentraler Handelsplatz der Wikinger. Deut-

Gotlandfahrer sche Kaufleute – die Gotlandfahrer – folgten ab 1161 und teilten sich den Handelsplatz mit gotländischen und russischen Kaufleuten. Dabei gewinnen die Hanseaten zunehmend an Einfluss, und Wisby wird im 13. Jahrhundert zu einer der frühen großen und einflussreichen Hansestädte im Ostseeraum. Im 14. Jahrhundert wenden sich die Geschicke allmählich, nachdem die Dänen unter König Waldemar Atterdag die Insel 1361 eingenommen hatten und sie unter die däni-

sche Krone geriet. 1.800 Tote waren auf der Insel zu beklagen. Wisby ergab sich jedoch ohne Kampf. Die Beute der Dänen: zwei Tonnen Silber und Gold. Überfall und Plünderung einer Hansestadt waren eine starke Provokation, die sich die Hanse nicht gefallen lassen konnte. 57 Städte und etliche Landesfürsten standen schließlich im Krieg gegen Dänemark zusammen. Wie fast alle militärischen Maßnahmen der Hanse war auch der Krieg gegen Dänemark in erster Linie eine Blockade, in diesem Fall von der Hansestadt Stockholm und dem zuvor besetzten Kopenhagen aus geführt. Aber auch der erzwungene »Friede von Stralsund« von 1370 nach der Niederlage Atterdags bescherte der Insel keine dauerhaft positive Wende mehr, obwohl der Friedensvertrag ausdrücklich die Freiheit Wisbys und des Handels im gesamten Ostseeraum garantierte.

Nach der Schwächung Wisbys und dem Frieden mit Dänemark wurde Gotland nach einem erfolgreichen Überfall der große Stützpunkt der Seeräuber, was natürlich die Handelsreisen der Kaufleute nach Wisby unterband. Als die Piraten schließlich nahezu die gesamte Ostsee beherrschten, brach der Handel fast vollständig zusammen. Der Deutsche Orden stellte jedoch eine gewaltige Streitmacht zusammen und fügte den Seeräubern heftige Verluste zu. So übernahm 1398 der Deutsche Orden die Herrschaft, die er jedoch schon 10 Jahre später wieder an Dänemark abtrat. Die übrig gebliebenen Piraten zogen sich in die Nordsee zurück und machten dort den Kaufmannsschiffen das Leben schwer. Obwohl der Ostseehandel wieder aufblühte, konnte Wisby die einst so starke Position nicht zurück gewinnen. Den letzten großen Schlag versetzte Lübeck 1525 1525 der Stadt, um einen lästigen Konkurrenten im schon schwächer werdenden Hansebund auszuschalten. Wisbys Zeit als großer Handelsplatz war endgültig vorbei. Seit 1645 gehört Gotland zu Schweden.

Erst im 18. Jahrhundert erlebte die gut 150 Kilometer lange Insel wieder einen wirtschaftlichen Aufschwung. Damit setzte wahrscheinlich auch eine Besinnung auf die einstige Bedeutung ein, und schon im 19. Jahrhundert begannen die Arbeiten zur Bewahrung des großen architektonischen Erbes. Später wurde die Altstadt unter Denkmalschutz gestellt. Das Prädikat Weltkulturerbe spricht seit 1995 für den großen Erfolg der Bemühungen.

Brügge

Was war das mittelalterliche Brügge nicht alles? Welthandelsmetropole, eine der schönsten Städte der Welt, Zentrum von Kunst und Kultur, Stadt der Wissenschaften, Treffpunkt der Völker und dergleichen mehr waren die Prädikate. Noch heute ist der Stadt der alte Glanz deutlich anzusehen, selbst wenn die wirklich mittelalterlichen Spuren auch dort selten geworden sind. Gründungskern und Zentrum des alten Brügge war der Große Markt – umgeben von Markthallen, Lagern und Verkaufsständen in Laubengängen. Angehörige von über 30 verschiedenen Völkern hatten nördlich des Großen Marktes ihre Quartiere. Der über 100 Meter hohe »Belfried« mit der <u>Tuchhalle</u> großen Tuchhalle demonstrierte eindrucksvoll Macht und Reichtum des gehobenen Bürgertums, das ab Ende des 12. Jahrhunderts über eine eigene Stadtverwaltung verfügte. Vom Balkon des Belfrieds wurden den Bürgern die Gesetze der Stadt bekannt gegeben. Das Rathaus entstand ab 1375.

Der Name Brügge (Bryggia) steht für Anlegestelle und gibt schon früh den Hinweis auf die Funktion dieser Stadt für den Handel. Bryggia mit der Salvatorkirche wuchs seit dem 11. Jahrhundert, als Kaufleute und Handwerker sich vermehrt dort ansiedelten. Der Zugang des Marktes zur See durch die künstlich angelegten Grachten, über den Fluss Reie und den Meeresarm Zwin zur Scheldemündung als ein wichtiges Kriterium für die Entwicklung der Stadt war jedoch nicht immer gegeben. Erst eine Sturmflut hatte 1134 das ausreichend tiefe Fahrwasser für Seeschiffe und damit Brügge als einzigem Handelsplatz in Flandern den Zugang zur Nordsee geschaffen. Das war die eigentliche Basis für den schnellen Aufstieg Brügges im 13. Jahrhundert. Im Verein mit Ypern und Gent bildete Brügge das Zentrum der flandrischen Textilmanufakturen mit der Verarbeitung vornehmlich englischer Wolle. Ende des Jahrhunderts zählte Brügge etwa 40.000 Einwohner und hatte für mittelalterliche Verhältnisse damit das Format einer Weltstadt. Spezielle »Tiefmacher« waren damit beauftragt, das Fahrwasser – die Lebensader Brügges – stets tief genug zu halten. Trotz hoher finanzieller Aufwendungen konnte dies je-

Die Pferdebrücke in Brügge um 1900.

doch nicht dauerhaft sichergestellt werden. Versandung und zunehmende Schiffsgrößen führten nach dem wirtschaftlichen Höhepunkt
im 15. Jahrhundert schließlich zum allmählichen Abstieg der Stadt.

In den Jahren 1252 und 1253 hatte Gräfin Margarethe von Flandern Urkunden ausgestellt, in denen die Privilegien der Kaufleute des
»Römischen Reichs« (mercatores Romani imperii) garantiert wurden.
Die Urkunden gründeten auf vorangegangere Verhandlungen der
Ratsherren Hoyer aus Lübeck und Jordan aus Hamburg, die sie im
Namen der Städte Köln, Dortmund, Soest, Münster und Aachen führten. Später gab es in Brügge eine Lübecker, eine Hamburger und
eine Dortmunder Straße. Anders als in Nowgorod oder Bergen kauften die Hansen keine Rohstoffe, sondern Produkte – insbesondere
die feinen flandrischen Tuche und andere Luxusgüter aus dem Westen und Süden Europas, die sie im Osten gut verkaufen oder gegen
Rohwaren eintauschen konnten. Der Aufschwung Brügges und die
hohe Bedeutung dieses Handelsplatzes für die Hanse führte eine
große Zahl deutscher Kaufleute in die Stadt. In Spitzenzeiten müssen
mehr als 6.000 Deutsche dort gelebt haben. Eine Konzentration in einem Hofkomplex, wie etwa in Nowgorod oder Bergen, war deshalb
nicht möglich. So verteilten sich die hanseatischen Kaufleute über
die Stadt, wo sie auch eigene Häuser bauen oder kaufen durften.
Zentrum des Wirkens war das Karmeliterkloster mit einer eigenen
Kapelle. Das »Oosterlingehuis« am nahen Mittwochsmarkt wurde ab **Oosterlinge-**
1442 zum eigentlichen Kontor, ab 1478 als stattliches eigenes, mehr- **huis**
stöckiges Bauwerk.

Die Summe der Kaufleute aus Deutschland wurde »Oosterlinge«
genannt, weil sie von Osten nach Brügge kamen. Durch den Zusammenschluss der Kaufleute wurden sie als nationale Gruppe begriffen

– im Gegensatz zu alle anderen Auslandskaufleuten. Das entsprach zwar nicht den Tatsachen, weil es noch keine deutsche Nation gab, nützte aber durchaus den deutschen Kaufleuten. Sie verfolgten zwar vornehmlich ihre eigenen Interessen und selten mehr als noch die Interessen ihrer Heimatstadt, aber auch scheinbare Gemeinsamkeit kann stark machen. Das ist auch ein wichtiger Grund für die im Ausland allgemein anerkannte Führungsrolle Lübecks in der Hanse.

In den mehrfachen Auseinandersetzungen mit Brügge ab 1280 machte sich denn auch immer Lübeck für die deutschen Kaufleute stark und gewann zuweilen andere deutsche Städte für Boykottmaßnahmen. So kam es als Druckmittel auch zur vorübergehenden Verlagerung des Stapels von Brügge nach Aardenburg. Hintergrund der Auseinandersetzungen war immer das so typische hanseatische Interesse – die Wahrung der einmal herrschaftlich verliehenen und bei wechselnder Herrschaft immer wieder bedrohten Privilegien. Da die deutschen Kaufleute nicht individuell, sondern als Gruppe handelten, blieb der Erfolg nicht aus. Obwohl sie in Brügge bei weitem nicht die einzigen Kaufleute waren, ging der Tuchhandel Flanderns erheblich zurück. 1358 beschloss die Hanse sogar einen kompletten Boykott Flanderns, der 1360 vollen Erfolg zeitigte. Es kam nicht nur zur Erneuerung der Privilegien, sondern sogar zu Schadenersatzzahlungen. Um die Mitte des folgenden Jahrhunderts wiederholte sich das Spiel mit dem gleichen Ergebnis.

Die mittelalterliche Bedeutung des Handelsplatzes Brügge wird deutlich in der Schilderung eines spanischen Augenzeugen, der 1438 an einem Tag 700 Schiffe im Hafen gezählt haben will. Es ist zwar nicht vorstellbar, wie diese gewaltige Zahl komplett am Zwin Platz gefunden haben soll, ist aber dennoch ein Ausdruck der überragenden Geschäftätigkeit in Brügge. Möglicherweise hat der Spanier aber auch sämtliche Wasserfahrzeuge eines Tages summiert und dabei selbst die kleinsten Boote mit einbezogen. Tatsache ist, dass damals bereits große Schiffe in voll beladenem Zustand den Hafen der Stadt nicht mehr anlaufen konnten. Die »Tiefmacher« kamen gegen die Versandung nicht an und die Handelsschiffe hatten im Laufe der Zeit erheblich an Größe gewonnen. Daraus erklärt sich im wesentlichen die aufstrebende ökonomische Entwicklung der Scheldehäfen Antwerpen und Bergen-op-Zoom. Die deutschen Kaufleute kehrten Brügge nach und nach den Rücken. Schließlich zieht das Kontor 1520 nach Antwerpen um.

Die Hanse
eine frühe EU?

Hat Brüssel als politisches Zentrum der Europäischen Union etwas gemeinsam mit Lübeck, dem Machtzentrum der mittelalterlichen Städtegemeinschaft der Hanse? Beide Zentren sind auf freiwilliger Basis entstanden und beide von breiter Zustimmung getragen – der Staatenbund in der Gegenwart und der Städtebund der Vergangenheit. Dabei zeigt die EU mit ihren vertraglichen Bindungen trotz der immer noch ausstehenden gemeinsamen Verfassung eine hohe und noch wachsende Stabilität. Die 2004 erfolgte Erweiterung um zehn Mitgliedsstaaten ist ein weiterer Beleg für die Attraktivität der Union. Kein Mitglied ist bislang aus der Gemeinschaft ausgeschert, um allein die eigenen Interessen wieder in den Vordergrund zu stellen.

Das war in der Hanse anders. Es gab keinen allgemein gültigen Gemeinschaftsvertrag. Städte konnten durch Beschluss des Hansetages ausgeschlossen werden oder den Bund aus eigenen Erwägungen verlassen. Es gab auch kein gemeinsames Parlament gewählter Bürger. Die Institution des Hansetages ist vielleicht vergleichbar mit dem Rat der EU, der nach den jeweils befassten Ressorts zusammentretenden Ministerrunde. Dabei reicht jedoch ein einziger Widerspruch, um eine ansonsten gemeinsam getragene Initiative zu kippen. Der Gedanke des Mehrheitsbeschlusses, um die Gremien der Union entscheidungs- und handlungsfähiger zu gestalten, konnte bisher nicht realisiert werden. Besonders deutlich sind die Folgen in der Außenpolitik, wo die EU als politische Größe keine einheitlichen Positionen vertritt und daher im weltweiten Spiel der Kräfte weder Anerkennung noch Einfluss findet. Die Beschlüsse der Hansetage mussten ebenfalls ohne Gegenstimme gefasst werden – damals wie heute eine schwierige Aufgabe.

Außenpolitisch war die Hanse eindeutig schlagkräftiger. Das zeigte sich zum Beispiel in dem entschlossenen Vorgehen gegen Dänemark, das sich nicht an die mit der Hanse getroffenen Vereinbarungen über die Höhe von Zöllen und die Nutzung der reichen Heringsschwärme in der Ostsee gehalten hatte. So kam es schließlich zum Krieg der Hanse gegen Dänemark. Die Hanse erwies sich als stark genug, und der Dänenkönig Waldemar Atterdag unterzeichnete 1370 einen Friedensvertrag (Stralsunder Frieden) – ein großer politischer Erfolg der Hanse. Auch bei der massiven Bedrohung durch die zahllosen Seeräuber zeigten die Hanseaten schließlich entschlossenes Vorgehen. Nach mehreren, nicht nachhaltig erfolgreichen Einzelmaßnahmen rüsteten sie mehrfach größere Verbände aus und führten erfolgreiche Schläge gegen die Vitalienbrüder. Auch im Seekrieg gegen England konnte sich die Hanse trotz des Ausstiegs von Köln behaupten und 1474 im Frieden von Utrecht ihre Handels- und Niederlassungsprivilegien sichern. Zumindest wurde die Hanse – im Gegensatz zur EU – im Ausland außenpolitisch als einheitlicher und mächtiger Verbund wahrgenommen.

Was die Hanse dagegen nicht erreicht – aber auch nicht angestrebt – hat, waren einheitliche Maße und Gewichte sowie eine gemeinsame Währung. Lübeck bot jedoch einen großen und weithin akzeptierten Orientierungsrahmen. Ebenso wenig gab es eine großräumige territoriale Zollfreiheit. Von einem freien Transfer von Waren, Dienstleistungen und Kapital – wie in der heutigen EU – konnte keine Rede sein. Vollständig anders war auch der gedankliche Rahmen für die wirtschaftliche Entwicklung. Während die Hanse sehr stark auf Monopole und Privilegien setzte, um ihre ökonomische Position zu stärken, gilt in der EU der freie, marktwirtschaftliche Wettbewerb als Grundlage der gesamtwirtschaftlichen Entwicklung. In der Praxis gibt es dabei jedoch teils enorme Abweichungen von der hehren Theorie. Das beste Beispiel dafür bietet die Agrarpolitik mit ihren gewaltigen Subventionen, und mit zurzeit rund 50 Milliarden Euro im Jahr der weitaus größte Einzelposten im Haushalt der EU. Gleich erscheint jedoch bei der EU wie bei der Hanse die straffe wirtschaftlich ausgerichtete Orientierung. Die Methoden zur Umsetzung weisen allerdings deutliche Unterschiede auf.

Ein gemeinsames, für alle Mitglieder gültiges Recht findet sich in der Hanse ebenso wenig wie in der EU. Die teilweise Übernahme des lübischen Rechts seitens etlicher Hansestädte hat aber eine Parallele in der Union. Im EU-Parlament verabschiedete Gesetze müssen innerhalb von zwei Jahren von den Mitgliedstaaten in nationales Recht umgewandelt werden. Dabei bleiben nationale Gestaltungsfreiheiten, insgesamt aber erfolgt eine allmähliche Angleichung der gesetzlichen Grundlagen. Die bisherige Praxis zeigt, dass sich die Union im Interesse der Konsensfähigkeit zumeist auf Minimalvorgaben beschränkt und die Ausgestaltung den einzelnen Mitgliedsstaaten überlässt. Auch die Hansestädte nutzten individuelle Sielräume, bevor sie einen vom Hansetag verabschiedeten Rezess in Stadtrecht umsetzten.

Ein Grund für den allmählichen Niedergang der Hanse war wohl auch die wachsende Zahl der Mitglieder und Niederlassungen. Dies schwächte die anerkannte Position Lübecks als Führerin der Hanse. Je größer eine Gemeinschaft wird, desto schwieriger ist es, die unterschiedlichen Interessen zu koordinieren und gemeinsame Ziele zu verfolgen. In dieser Hinsicht wird die EU ihre Qualität langfristig beweisen müssen. Ohne gemeinsame Verfassung, ohne gemeinschaftliche Außenpolitik und ohne ein starkes, gemeinschaftliches Parlament als anerkannte oberste Instanz sind die Chancen sicherlich begrenzt. Die Mitgliedstaaten werden nur dauerhaft zu der Gemeinschaft stehen, solange jeder Staat dadurch klare Vorteile für sich sieht oder zumindest erhofft. Für die EU ist dies seit dem EWG-Vertrag von 1957 offensichtlich der Fall. In der Hanse waren dagegen Austritte oder Ausschlüsse einzelner Städte keine Ausnahmen. Immerhin aber hat die Hanse insgesamt rund fünf Jahrhunderte überdauert und allein der Städtebund fast 400 Jahre. Daran gemessen ist die Zeitspanne von EWG, EG und EU noch sehr kurz.

Was man der Hanse zweifellos bescheinigen kann, das sind fehlende Hierarchien und eine äußerst schlanke Bürokratie. Als Institution kam sie ohne Machtstrukturen, ohne eigenes Vermögen, ohne Gemeinschaftsetat und ohne eigene Besitztümer aus. Das würde im modernen Wirtschaftsleben heute mit dem positiv verstandenen Begriff »Lean Management« belegt. Die EU dagegen gilt eher als aufgeblähter, schwerfälliger und immer teurer werdender Apparat. Wie viel Bürokratie und welche Kosten die Mitglieder der Union verkraften können oder wollen, das wird die Zeit zeigen. Ohne die Fähigkeit zu Veränderung und Anpassung im Zuge der Erweiterung aber wird sich die Zukunft der EU sicherlich nicht dauerhaft erfolgreich gestalten lassen. Kritisiert wird seitens der Wirtschaft häufig auch die starke Tendenz in Brüssel, in der EU alles reglementieren und normieren zu wollen. Selbst für die Größe von Traktorsitzen und Präservativen gibt es inzwischen EU-Normen – ungeachtet der Tatsache, dass die dafür in Frage kommenden Körperteile keineswegs genormt sind.

Von ganz wesentlicher Bedeutung für den Niedergang der Hanse aber waren die großen politischen Veränderungen – und das nicht nur allein durch die Reformation und den Dreißigjährigen Krieg bedingt. Die Zeit in Europa schien reif für größere territoriale Einheiten. Der Macht- und Einflusszuwachs in- und ausländischer Fürstenhäuser schwächte die Position des Städtebundes. Mit der Schwächung der Gemeinschaft traten die Einzelinteressen noch stärker hervor. Die häufig bewiesene Einigkeit oder teilweise Einigkeit zerfiel. Alle Versuche, den Bund zu erhalten und neu zu beleben, schlugen fehl. Die Zeit der Hanse, des größten und einflussreichsten europäischen Städtebundes, war mit dem letzten Hansetag im Jahr 1669 endgültig vorbei. Die politische Entwicklung mit der Tendenz zur Formierung größerer territorialer Einheiten setzte sich fort. Dies mündete schließlich in die Überwindung feudaler und dynastischer Herrschaftsstrukturen und fand einen vorläufigen Höhepunkt mit der Entstehung von National-staaten im 19. Jahrhundert.

Die Gegenwart ist beinahe weltweit gekennzeichnet von multina-tionalen und merkantil ausgerichteten Zusammenschlüssen wie EU, NAFTA, ASEAN oder MERCOSUR. Die panamerikanische Freihan-delszone FTAA mit 34 Mitgliedsländern ist ein weiterer Schritt. Die Trennung von Ost und West, von sozialistischen und demokratischen Strukturen ist in Europa weitestgehend überwunden. Wie geht es weiter? Kommt es vielleicht zu einem Zusammenschluss der großen Wirtschaftsblöcke? Als sicher kann angenommen werden, dass sich das Rad der Weltgeschichte nicht zurückdrehen wird. Ein machtvol-ler Städtebund nach altem Vorbild mit internationalem politischen und wirtschaftlichen Einfluss war so wohl nur im Spätmittelalter mög-lich und ist nicht mehr denkbar.

Dennoch ist der Gedanke der Hanse nicht tot. Im Gegenteil, er hat sich längst neu belebt und erfährt gerade in der Gegenwart erhöhte Aufmerksamkeit. So werden schon seit über 20 Jahren wieder regel-mäßige Hansetage abgehalten, bei denen inzwischen alljährlich über 100 Städte vertreten sind. Die Initiative wurde 1980 von der nieder-ländischen Stadt Zwolle anlässlich ihrer 750-Jahrfeier ergriffen, die zum ersten Hansetag der Neuzeit einlud. Seither wird der Hansetag jedes Jahr in einer anderen Stadt veranstaltet. Die Hansekommission hat die Veranstaltungsorte bis zum Jahr 2029 schon festgelegt. An eine Wiederherstellung alter Wirtschafts- und Handelsstrukturen ist aber natürlich nicht gedacht. In den ersten Jahren standen Fragen wie die Sanierung und Restaurierung der historischen Stadtkerne sowie der Denkmalschutz im Vordergrund. Später kamen der Um-weltschutz mit dem Schwerpunkt Schutz der Ostsee und Wirt-schaftsthemen hinzu. In der Satzung heißt es unter § 2 zu den Zielen und Aufgaben: »DIE HANSE hat die Aufgabe, auf der Grundlage des grenzüberschreitenden Hansegedankens und der geschichtlichen Erfahrungen, die Gedanken und den Geist der europäischen Stadt/Gemeinde wieder zu beleben, das Eigenbewusstsein der Han-sestädte zu fördern und die Zusammenarbeit zwischen diesen Städ-ten/Gemeinden zu entwickeln mit dem Ziel, einen Beitrag zur wirt-schaftlichen, kulturellen, sozialen und staatlichen Einigung Europas zu leisten und in diesem Sinne das Selbstbewusstsein der Städte und Gemeinden zu stärken, damit sie ihre Aufgaben als Ort der le-bendigen Demokratie wahrnehmen können.«

Eine weitere Institution ist die Neue Hanse Interregio (NHI), eine

126

Kooperation der Bundesländer Bremen und Niedersachsen sowie der niederländischen Nordprovinzen Groningen, Drenthe, Fryslan und Overijssel. Ziel ist, regionalen Interessen über eine interregionale Zusammenarbeit besseres Gehör in Brüssel, Berlin und Den Haag zu verschaffen. Im Visier haben die Mitglieder insbesondere, ihre regionalen Unternehmen bei der Erschließung der europäischen Märkte zu fördern. Dabei ist es der NHI in Brüssel gelungen, das EU-Programm »Hanse Passage« ins Leben zu rufen. Mit 7,2 Millionen Euro für die regionale Zusammenarbeit werden bis 2007 kleinere Projekte in Deutschland, England, Frankreich, Lettland, Niederlande und Polen gefördert.

Der traditionsreiche Begriff Hanse bleibt also durchaus mit konkretem Leben erfüllt. Dabei orientieren die Aktivitäten an neuen und zeitgemäß realistischen Zielsetzungen. Die Neue Hanse ist kein nostalgischer Reanimationsversuch des mittelalterlichen Städtebundes. Keiner der beteiligten Partner träumt von einem Wiederaufleben alter Strukturen. Eine Übertragung auf das neue Europa ist ohnehin undenkbar. Dennoch hat die große Zeit der Hanse durchaus Beispielscharakter für die Gegenwart und Zukunft des Kontinents. Die Anerkennung eines gemeinsamen Steuerungszentrums für übergreifende Fragen, verpflichtende Regeln, ein hohes Maß an Konsensfähigkeit unter Wahrung eigener Belange und die weitgehend friedliche Entfaltung der wirtschaftlichen Interessen zum Nutzen aller Mitglieder waren die Garanten einer prosperierenden Entwicklung über mehrere Jahrhunderte hinweg. Schon deshalb sollte die Zeit der Hanse einen festen Platz im geschichtlichen Bewusstsein der Menschen in einem zusammenwachsenden Europa einnehmen.

Das Potenzial für eine besonders erfolgreiche gemeinsame Entwicklung kann dabei im Ostseeraum gesehen werden. Die Ostsee ist inzwischen fast vollständig von EU-Mitgliedsstaaten umgeben. Das verbindende Gewässer der hanseatischen Vergangenheit hat seit der Ostöffnung alle Chancen, auch ein großes verbindendes Element der Zukunft zu werden. Der Begriff Hanse hat bis weit nach Russland hinein einen guten Klang und kann als »Türöffner« in beiden Richtungen dienen. Für das eingeschlossene Königsberger Gebiet (Oblast Kaliningrad) kann sich vielleicht ein Sonderstatus finden lassen, der die Entwicklung begünstigt. Mit dem wirtschaftlich allmählich aufstrebenden Nachbarn Russland kann sich die EU zum gemeinsamen Nutzen arrangieren. In jedem Fall kann die Ostsee ein Paradebeispiel für eine gelungene europäische Integration von den einst durch den »eisernen Vorhang« getrennten Staaten werden. Das starke hanseatische Bewusstsein in den alten Hafenstädten und weit darüber hinaus wird die gemeinsame Entwicklung zweifellos fördern.

Hansestädte, Kontore, Niederlassungen

Es waren nur sehr wenige Städte, die vom Anfang bis zum Ende ohne Unterbrechung der Hanse angehörten. Alle anderen Städte waren nur mehr oder weniger lange Mitglied oder verstanden sich als solches. Zu keiner Zeit waren es alle Städte gleichzeitig. Zudem war ihre Bedeutung innerhalb der Hanse höchst unterschiedlich.

WENDISCHE GRUPPE: Anklam, Buxtehude, Demmin, Greifswald, Gützkow, Hamburg, Kiel, Lübeck, Lüneburg, Rostock, Stade, Stralsund, Wismar

RHEINISCHE GRUPPE: Arnheim, Deventer, Dinant, Douesburg, Duisburg, Düsseldorf, Elburg, Emmerich, Grith, Groningen, Harderwijk, Hasselt, Hattem, Kampen, Köln, Nijmwegen, Oldenzaal, Ommen, Roermond, Stavoren, Tiel, Venlo, Wesel, Zaltbommel, Zutphen, Zwolle

WESTFÄLISCHE GRUPPE: Ahlen, Allendorf, Altena, Arnsberg, Attendorn, Balve, Beckum, Belecke, Bielefeld, Billerbeck, Blankenstein, Bocholt, Bochum, Bodenfeld, Borgentreich, Borken, Brakel, Breckerfeld, Brilon, Coesfeld, Dortmund, Dorsten, Drolshagen, Dülmen, Essen, Eversberg, Freienohl, Fürstenau, Geseke, Grevenstein, Hachen, Hagen, Haltern, Hamm, Haselünne, Hattingen, Herford, Hirschberg, Hörde, Hüsten, Iburg, Iserlohn, Kallenhardt, Kamen, Korbach, Langscheid, Lemgo, Lippstadt, Lüdenscheid, Lünen, Melle, Menden, Meppen, Minden, Münster, Neuenrade, Neustadt, Nieheim, Osnabrück, Ople, Paderborn, Peckelsheim, Quakenbrück, Ratingen, Recklinghausen, Rheine, Rüthen, Schwerte, Soest, Solingen, Sündern, Telgte, Unna, Vörden, Vreden, Warburg, Warendorf, Warstein, Wattenscheit, Werl, Werne, Westhofen, Wetter, Wiedenbrück, Wipperfurth

SÄCHSISCHE GRUPPE: Alfeld, Aschersleben, Berlin-Kölln, Bockenem, Brandenburg, Braunschweig, Bremen (Sonderstellung), Duderstadt, Erfurt, Einbeck, Frankfurt/Oder, Gardelegen, Getynga, Goslar, Gronau, Halberstadt, Halle, Hameln, Hannover, Havelberg, Helmstedt, Hildesheim, Kyritz, Magdeburg, Merseburg, Mühlhausen, Naumburg, Nordhausen, Northeim, Osterburg, Osterode, Perleberg, Pritzwalk, Quedlinburg, Salzwedel, Seehausen, Stendal, Tangermünde, Uelzen, Uslar, Werben

POMMERSCHE GRUPPE: Belgard, Gollnow, Greifenberg, Kammin, Kolberg, Köslin, Rügenwalde, Schlawe, Stettin, Stargard, Stolp, Treptow, Wollin

PREUßISCHE GRUPPE: Braunsberg, Breslau, Danzig, Elbing, Königsberg, Krakau, Kulm, Thorn

GOTLÄNDISCH-LIVLÄNDISCHE GRUPPE: Dorpat, Wisby, Stockholm, Riga, Reval, Parnawa, Windawa, Wenden, Felin, Wolmar, Goldynga, Lemsal, Kokenhausen

KONTORE: Bergen, Brügge, Nowgorod, (London), (Antwerpen)

NIEDERLASSUNGEN (FAKTOREIEN): Boston, Bristol, Colchester, Hull, Ipswich, Kinges Lynn, Newcastle, Norwich, Yarmouth, York, Bordeaux, Bourgneuf, La Rochelle, Nantes, Lissabon, Venedig, Kalmar, Lödöse, Nyköping, Turku, Oslo, Tönsberg, Ribe, Kauen, Reuß